Thomas

Gewährleistung im VW-Abgasskandal. Zivilrechtliche Ansprüche deutscher Autokäufer

Sachmängel, Nacherfüllung, Rücktritt vom Vertrag und Schadensersatz

Bibliografische Information der Deutschen Nationalbibliothek:

Die Deutsche Nationalbibliothek verzeichnet diese Publikation in der Deutschen Nationalbibliografie; detaillierte bibliografische Daten sind im Internet über http://dnb.d-nb.de abrufbar.

Impressum:

Copyright © 2017 Studylab

Ein Imprint der GRIN Verlag, Open Publishing GmbH

Druck und Bindung: Books on Demand GmbH, Norderstedt, Germany

Coverbild: GRIN | Freepik.com | Flaticon.com | ei8htz

Inhaltsverzeichnis

1 Einleitung

Das Auto ist nicht mehr aus unseren täglichen Leben wegzudenken. Vor 130 Jahren begann seine Erfolgsgeschichte. Möglich gemacht haben das vor allem deutschen Ingenieure. Zu den bekanntesten von ihnen zählen Nikolaus August Otto, Carl Benz, Gottlieb Daimler und Ferdinand Porsche (vgl. Handelsblatt online, 28.01.2011). Heutzutage ist die Automobilindustrie mit mehr als 770.000 Mitarbeitern und einen Umsatz von 405 Mrd. € der mit Abstand wichtigste Industriezweig in Deutschland (vgl. Statista 2017). In dieser Branche sieht man die gesetzlich vorgeschriebene Offenlegung von sicherheitsrelevanten Mängeln an Fahrzeugen, beziehungsweise die Verbreitung von Rückrufen in den Medien, äußerst ungern. Denn bei Rückrufen geht es um die Sicherheit der Menschen und nicht selten erfährt das entsprechende Unternehmen einen Imageschaden. Dieser wird von enormen Aufwendungen begleitet, welche sich schlussendlich in der Bilanz wiederspiegeln (vgl. Zanger 2015).

Ein aktuelles Beispiel für eine derartige Rückrufaktion ist der Abgasskandal des Volkswagen Konzerns. Am 20. September 2015 räumt Martin Winterkorn, damaliger Vorstandsvorsitzender von VW, die Manipulation von 500.000 Dieselfahrzeugen ein. Er entschuldigt sich in einer öffentlichen Videobotschaft bei den Kunden für den entstandenen Vertrauensverlust. Winterkorn kündigt an, den Sachverhalt schnell und transparent zu klären. Zum damaligen Zeitpunkt ging man noch davon aus, dass sich die Abgasmanipulation auf die USA begrenzt. Wenige Tage später wird bekannt, dass weltweit mehr als elf Millionen Fahrzeuge betroffen seien, davon allein 2,5 Millionen in Deutschland. Es handelt sich um die größte Krise in der Geschichte von Europas führendem Autobauern. Die Rückrufaktionen verlaufen nicht reibungslos und die Kunden sind verärgert (Eckl-Dorna 2017). Vor allem der Unmut der deutschen Autokäufer ist groß. Denn im Vergleich zu den amerikanischen Kunden, welche mit Schadensersatzzahlungen rechnen können, sollen die inländischen Kunden lediglich Anspruch auf eine Nachbesserung haben. Viele Verbraucher entscheiden sich deswegen dazu, gegen Verkäufer und Hersteller vorzugehen und ihre Rechte geltend zu machen.

Das Ziel dieser Arbeit ist, die gesetzlichen Regelungen des Kaufvertrages und die daraus resultierenden zivilrechtlichen Gewährleistungsansprüche näher zu betrachten. Des Weiteren soll der Leser einen Überblick über die Abgasmanipulation von Volkswagen erhalten.

Die Arbeit beginnt mit dem Kaufvertrag, dessen Inhalten und dem Zustandekommen. Im Anschluss wird auf die Pflichten der Vertragsparteien eingegangen. Der darauffolgende Punkt zeigt, welche Arten von Mängeln auftreten können und die Rechte, die der Käufer in so einem Fall geltend machen kann. Der zweite Schwerpunkt der Arbeit beschäftigt sich mit dem VW-Abgasskandal und den möglichen rechtlichen Ansprüchen für deutsche Autokäufer. Hierbei stützt sich die Arbeit neben aktuellen Gerichtsentscheidungen vor allem auf das Buch „Der Autokauf" von Reinking und Eckert. Dieses enthält eine Vielzahl gegenwärtiger Rechtsprechungen und sei in diesem Zusammenhang als weiterführende Literatur empfohlen. Der VW-Abgasskandal befindet sich in seiner rechtlichen Aufarbeitung und nahezu täglich werden neue Entscheidungen veröffentlicht. Die vorliegende Arbeit spiegelt die Situation wieder, welche bis zum 31.03.2017 vorlag.

2 Der Kaufvertrag

In unserem Leben schließen wir nahezu täglich Kaufverträge ab. Sei es der Kauf von Kleinigkeiten im Supermarkt oder eine größere Anschaffung, wie das eigene Auto. Der Vertragsgegenstand, kann dabei ein Recht oder eine Sache sein. Durch den Abschluss eines Vertrages, entstehen dem Käufer und Verkäufer Rechte und Pflichten, weshalb man hier vom Verpflichtungsgeschäft spricht. Diesem folgt das Verfügungsgeschäft, um die vertraglichen Vereinbarungen abschließend zu erfüllen (vgl. Pollert 2016, S. 364). Leider ist nicht immer eine schnelle und leichte Abwicklung des Kaufes möglich. Des Öfteren kommt es zu Problemen zwischen den verschiedenen Vertragsparteien, welche Unternehmen und Verbraucher sein können. Um diese zu lösen, gibt es gesetzliche Regelungen, welche hauptsächlich in den §§ 433 ff. BGB festgehalten sind. Sondervorschriften, die den Verbrauchsgüter- bzw. Handelskauf betreffen, sind in den §§ 474 ff. BGB und §§ 373 ff. HGB zu finden (vgl. Müssig 2016, S. 219). Zusätzlich dazu können zwischen den Parteien individuelle Abreden getroffen werden. Im Folgenden werden unter anderem die Inhalte des Kaufvertrages, das Zustandekommen, die Pflichten der Vertragspartner und die Rechte des Käufers beim Vorliegen eines Mangels, näher betrachtet.

2.1 Inhalte

In Deutschland gilt der Grundsatz der freien Selbstbestimmung des mündigen Bürgers, die sogenannte Privatautonomie, welche im Artikel 2 Abs. 1 des Grundgesetzes niedergeschrieben ist. Jeder Einzelne kann seine Lebensverhältnisse und Rechtsbeziehungen eigenverantwortlich regeln und gestalten. Die Möglichkeit rechtsverbindlich zu handeln, muss innerhalb der durch die Gesetze und der Rechtsprechung abgesteckten Rahmenbedingungen erfolgen. Ein Aspekt der Privatautonomie ist die Vertragsfreiheit. Diese ermöglicht Verträge einzugehen und deren Inhalt auszugestalten (vgl. Müssig 2016, S. 8).

Der Kaufvertrag beinhaltet für gewöhnlich vielfältige Vereinbarungen. So ist die jeweilige Sache hinsichtlich der Beschaffenheit, Güte und Art zu beschreiben, wobei die Kennzeichnung durch den handelsüblichen Namen zu erfolgen hat. Ist im Kaufvertrag keine exakte Festlegung der Qualität der Ware vermerkt, so ist der Lieferant gemäß § 243 BGB verpflichtet, eine Ware mittlerer Art und Güte zu liefern. Bei der Mengenangabe ist besonders wichtig, anzugeben, ob es sich um das Brutto- oder das Nettogewicht handelt. Der Preis der Sache kann fix sein, was bedeutet, dass jede Mengeneinheit einen exakten Preis besitzt. Möglich ist ebenfalls die Vereinbarung eines Tagespreises, der eine entsprechende Regelung erfordert, wie dieser festgelegt wird. Zusätzlich kann vertraglich die Anwendung oder der Ausschluss von Skonto oder Rabatten beschlossen werden. Laut § 448 Abs. 1 BGB hat der Käufer die Verpackungskosten zu tragen, da diese den Kosten der Abnahme zugerechnet werden. Wer die Kosten des Versandes übernimmt, welcher durch den Lieferanten oder Dritte erfolgt, kann im Vertrag vereinbart werden. Geschieht dies nicht, so gilt, dass der Verkäufer die Kosten der Übergabe der Sache trägt. Der Käufer übernimmt die Kosten der Abnahme und die Versendung an einen anderen Ort als den Erfüllungsort (vgl. § 448 Abs. 1 BGB). Die Lieferzeit ist der Zeitraum zwischen dem Eingang der Bestellung und der Bereitstellung der Ware. Als Erfüllungszeit bezeichnet man hingegen die Zeit, zu welcher der Lieferant die Ware zu übergeben hat. Ist die Lieferzeit nicht vertraglich geregelt, so findet § 271 Abs. 1 BGB Anwendung. Demnach kann der Lieferant sofort liefern, beziehungsweise der Kunde die sofortige Lieferung verlangen.

Die Bedingungen für die Zahlung der Sache können vertraglich hinsichtlich des Zahlungsortes und des Zahlungszeitpunktes geregelt werden. Falls im Kaufvertrag keine abweichende Vereinbarung getroffen wurde, so hat die Bezahlung am Wohn- und Geschäftssitz des Schuldners zu erfolgen (vgl. § 270 BGB). Ist kein besonderer Zeitpunkt der Zahlung, wie zum Beispiel bei Vorauszahlung, Barkauf oder Zielkauf vereinbart wurden, so gilt, dass der Schuldner die Zahlung sofort zu bewirken hat.

Der Ort, an dem die Übergabe der Ware zu erfolgen hat, bezeichnet man als Erfüllungsort. Hier muss die Sache die vertraglich festgelegte Menge und Beschaffenheit aufweisen. Hinsichtlich der Zahlung unterscheidet man zwischen dem vertraglichen, natürlichen und gesetzlichen Erfüllungsort (vgl. § 269 BGB). Nachdem der Schuldner die entsprechende Leistung am Erfüllungsort rechtzeitig und mängelfrei erbracht hat, enden seine vertraglichen Verpflichtungen gegenüber dem Gläubiger (vgl. Olfert 2016, S. 30 f.).

Des Öfteren hat der Käufer ein Interesse daran, die Sache bereits vor der (vollständigen) Bezahlung des Kaufpreises zu nutzen. Dies kann der Fall sein, wenn der Kaufpreis ratenweise aus dem Gewinn der gekauften Maschine erwirtschaftet werden soll. Hier bietet es sich an, einen Eigentumsvorbehalt zu vereinbaren, welcher in § 449 BGB näher definiert ist. Durch diesen bleibt der Verkäufer bis zur Zahlung des vollständigen Kaufpreises Eigentümer der beweglichen Sache und der Käufer wird lediglich Besitzer. Mit dieser Regelung wird dem Sicherungsinteresse des vorleistenden Verkäufers Rechnung getragen. Denn anderenfalls würde seine Kaufpreisforderung, im Falle einer Insolvenz des Käufers, nahezu wertlos werden (vgl. Oetker/Maultzsch 2013, S. 198 f., Rn. 422).

Ein weiterer Vertragsbestandteil können die Allgemeinen Geschäftsbedingungen (AGB) darstellen. Es handelt sich hierbei um rahmenmäßig vorformulierte Vertragsbedingungen, die vereinbarte Inhalte von Verträgen ergänzen. Gemäß § 305 f. BGB muss der Verwender der AGB der anderen Partei bei Vertragsabschluss die Möglichkeit verschaffen, über diese Kenntnis zu nehmen. Damit die Allgemeinen Geschäftsbedingungen Anwendung finden, bedarf es dem Einverständnis der anderen Partei. Bestimmungen in den AGB, welche den Vertragspartner unangemessen benachteiligen oder gegen gesetzlich festgelegte Klauselverbote verstoßen, sind unwirksam (vgl. §§ 307, 308, 309 BGB). Unabhängig von den Allgemeinen Geschäftsbedingungen können individuelle Vereinbarungen getroffen werden, welche Vorrang vor den AGB haben (vgl. Olfert 2016, S. 19 f.).

2.2 Zustandekommen

Damit ein Vertrag zustande kommt, bedarf es übereinstimmender Willenserklärungen von einer oder mehrerer Personen. Dem Abschluss des Kaufvertrages liegt demzufolge nicht §§ 433 ff. BGB, sondern die Vorschriften des Allgemeinen Teils über Willenserklärungen und den Abschluss von Verträgen zu Grunde (vgl. §§ 104 ff., 145 ff. BGB). Dabei müssen die Willenserklärungen die Vertragsparteien, den Kaufgegenstand und den Kaufpreis enthalten (vgl. Oetker/Maultzsch 2013, S. 33, Rn. 25).

Das Angebot, welches den Antrag verkörpert, ist eine einseitige Willenserklärung. Diese muss von ihrem Inhalt her so formuliert werden, dass die Annahme durch ein einfaches „Ja" erfolgen kann. Kommt es zu einer Annahme, so gilt diese als uneingeschränkte Zustimmung zu dem Angebot (vgl. Alpmann 2015, S. 52, Rn. 98). Erfolgt die Annahme unter Änderungen, so handelt es sich um ein neues Angebot (vgl. § 150 Abs. 2 BGB). Die Annahme hat gemäß §§ 147, 148 BGB innerhalb der vereinbarten oder gesetzlichen Pflicht zu erfolgen. Falls die Annahmefrist versäumt wird, erlischt das Angebot und die verspätete Annahme gilt als neuer Antrag (vgl. §§ 146, 149, 150 Abs. 1 BGB).

2.3 Pflichten der Vertragspartner

Durch das Vorliegen zweier sich deckender Willenserklärungen kommt das Verpflichtungsgeschäft, der Kaufvertrag, zustande. In diesem erklären sich Käufer und Verkäufer damit einverstanden, die im Vertrag auferlegten Pflichten zu erfüllen (vgl. Olfert 2016, S. 28). Das Verfügungsgeschäft umfasst hingegen alle Rechtsgeschäfte, welche auf eine Rechtsänderung gerichtet sind. Darunter zählt die Übertragung, Belastung, Aufhebung oder Inhaltsänderung des Rechts. Dabei gilt, dass Rechtsänderungen gegenüber jedermann wirken. Das hat zur Folge, wenn der Verkäufer dem Käufer eine Sache übereignet, dieser nicht nur gegenüber dem Verkäufer, sondern gegenüber jedermann Eigentümer wird. Für Verfügungsgeschäfte gilt der Bestimmtheitsgrundsatz, der genau festlegt, auf welchen Gegenstand sich die Verfügung bezieht. Die rechtliche Abgrenzung, das sogenannte Abstraktionsprinzip, ist eines der wesentlichen Prinzipien des deutschen Zivilrechts (vgl. Alpmann 2015, S. 5, Rn. 12). Die Unabhängigkeit des Verfügungsgeschäftes von der Wirksamkeit des Verpflichtungsgeschäftes macht es möglich, dass ein Händler eine bestimmte Sache mehrfach verkauft. Er verpflichtet sich demnach „nur" zur Übereignung der Sache. Das dieses Vorgehen weitere rechtliche Konsequenzen nach sich zieht, sollte selbstverständlich sein (vgl. Müssig 2016, S. 220).

2.3.1 Verkäufer

Die Pflichten des Verkäufers lassen sich in Haupt- und Nebenpflichten unterteilen. Eine der Hauptpflichten ist es, dem Käufer, gemäß § 433 Abs. 1 Satz 1 BGB, den Besitz an der beweglichen Sache zu verschaffen. Das bedeutet, dass die tatsächliche Sachherrschaft (vgl. § 854 ff. BGB) auf ihn zu übergehen hat. Handelt es sich um einen Grundstückserwerb, so ist laut § 873 BGB die Eintragung im Grundbuch erforderlich (vgl. Müssig 2016, S. 220). Des Weiteren muss der Verkäufer dem Käufer das Eigentum der gekauften Sache übertragen. Hierbei ist zwischen der Übereignung beweglicher und unbeweglicher Sachen zu unterscheiden. Auf beweglichen Sachen findet § 929 Satz 1 BGB Anwendung, welcher eine Einigung beider Vertragspartner in Form eines dinglichen Vertrages voraussetzt. In diesem wird festgehalten, dass das Eigentum übergehen soll. Zusätzlich dazu, erfolgt die Übergabe der Sache. Folglich geht der mittelbare und unmittelbare Sachbesitz auf den Käufer über und gleichzeitig gibt der Verkäufer jeglichen Sachbesitz auf. Ein Eigentumswechsel kann ferner bei unbeweglichen Sachen, wie Grundstücken, stattfinden. Hier ist neben der notariellen beurkundungspflichtigen Einigung über den Eigentumsübergang, der sogenannten Auflassung (vgl. §§ 873, 925 BGB), eine Eintragung im Grundbuch notwendig (vgl. Oetker/Maultzsch 2013, S. 36, Rn. 35). Da ebenfalls Rechte beziehungsweise Forderungen, wie Patente oder Kaufpreisforderungen, Gegenstand eines Kaufvertrages sein können, sind diese Rechtsverschaffungen unter § 453 BGB geregelt. Findet ein Verkauf in so einem

Falle statt, so hat der Verkäufer dem Käufer das Recht zu übertragen (vgl. §§ 453 Abs. 1, 433 BGB). Wenn es sich um eine Forderung handelt, dann ist diese nach §§ 398, 413 BGB an den Käufer abzutreten (vgl. Müssig 2016, S. 221).

Eine weitere Hauptpflicht stellt die Lieferung einer Sache dar, welche frei von Rechts- und Sachmängeln ist (vgl. § 433 Abs. 1 Satz 2 BGB). Was unter einem Sach- beziehungsweise Rechtsmangel zu verstehen ist, wird in §§ 434, 435 BGB erläutert und in den Gliederungspunkten 2.4.1 und 2.4.2 näher betrachtet. Der Käufer besitzt einen Erfüllungsanspruch, aus welchem folgt, dass die mangelhafte Leistung eine Pflichtverletzung darstellt. Tritt eine Pflichtverletzung auf, so hat der Käufer gemäß § 280 ff. BGB Anspruch auf Schadensersatz, welcher nur unter den Voraussetzungen des § 275 Abs. 1,2 BGB entfällt. So hat der Verkäufer eines Gebrauchtwagens die Pflicht, einen defekten Motor, welcher ein Sachmangel ist, vor der Übereignung zu reparieren (vgl. Oetker/Maultzsch 2013, S. 40, Rn. 45).

Neben Übergabe- und Eigentumsverschaffungspflicht besitzt der Verkäufer Nebenpflichten, die abhängig vom Gegenstand des Kaufvertrages und dessen Ausgestaltung variieren. So muss er, wenn nichts anderes vereinbart ist, die Kosten der Übergabe einschließlich der Verpackungs- und Versendungskosten an den Erfüllungsort tragen (vgl. § 448 Abs. 1 BGB). Häufig wird diese gesetzliche Regelung durch die Einbeziehung der Allgemeinen Geschäftsbedingungen oder die Anwendung von Frachtklauseln, insbesondere den Incoterms, ersetzt. So regelt zum Beispiel die Vereinbarung „cost & freight", dass der Verkäufer die Kosten und die Fracht bis zum Bestimmungsort trägt. Sobald die Ware am Bestimmungshafen die Schiffsreling überschreitet, geht die Gefahr auf den Verkäufer über (vgl. Müssig 2016, S. 221 f.).

Weitere Schutzpflichten im Sinne des § 241 Abs. 2 BGB sind die ordnungsgemäße Adressierung und Verpackung des Kaufgegenstandes. Wird ein Kaufvertrag über technische Geräte, Maschinen oder Fahrzeuge geschlossen, so kann auf den Verkäufer eine nachträgliche Pflicht zur Bereitstellung von Ersatzteilen zukommen, falls diese nicht am Markt verfügbar sind. Diese kommt allerdings nur zum Tragen, wenn Hersteller und Verkäufer identisch sind und der Käufer somit nach Treu und Glauben (vgl. § 242 BGB) auf deren Verfügbarkeit vertrauen durfte. Ist dies nicht der Fall, so trifft den Verkäufer lediglich eine Pflicht, falls er bereits eine längere Geschäftsbeziehung zu dem Käufer hatte, welche die Lieferung der Ersatzteile zum Gegenstand hatte.

Der Verkäufer, der als Fachhändler am Markt auftritt und dementsprechend sachkundig ist oder ein besonders risikoreiches Produkt anbietet, hat seine Kunden vor der Kaufentscheidung zu beraten und aufzuklären (vgl. Staudinger/Beckmann, § 433, Rn. 93 ff.). Unterhält der Verkäufer eine laufende Geschäftsbeziehung, so hat er die Kunden über Änderungen der Beschaffenheit eines regelmäßig bezogenen Produkts zu informieren (vgl. Oetker/Maultzsch 2013, S. 73 f., Rn. 124 ff.).

2.3.2 Käufer

Gemäß § 433 Abs. 2 BGB ist die Kaufpreiszahlung eine der Hauptpflichten des Käufers. In der Kaufpreisforderung, deren Höhe frei durch die Vertragsparteien bestimmt werden kann, ist die gesetzliche Mehrwertsteuer enthalten. Das vereinbarte Entgelt muss in Geld bestimmt sein, da es sich ansonsten laut § 480 BGB um einen Tausch handelt (vgl. Olfert 2016, S. 29). Der Kaufpreis ist, falls nichts anderes vereinbart wurde, mit seiner Entstehung, dem Abschluss des Kaufvertrages, fällig. Die Fälligkeit des Kaufpreisanspruches kann in der Praxis mit entsprechenden Klauseln angepasst werden (vgl. § 271 BGB).

Die Abnahme der gekauften Sache stellt laut § 433 Abs. 2 BGB ebenfalls eine Pflicht des Käufers dar. Grundsätzlich ist diese als Nebenpflicht zu betrachten, kann aber im Falle der besonderen Bedeutung der Abnahme, zum Beispiel bei verderblichen Lebensmitteln, als Hauptpflicht angesehen werden (vgl. Müssig 2016, S. 223). Nimmt der Käufer die Ware nicht ab, so kommt er in Annahmeverzug (vgl. §§ 300 BGB, 373 HGB).

Neben der Abnahme sind nur wenige der Nebenpflichten besonders geregelt. Nach § 448 Abs. 1 BGB muss der Käufer die Kosten der Abnahme und der Versendung, wie Steuern und Zölle, übernehmen. Erwirbt der Käufer ein Grundstück, so hat er die Kosten der Beurkundung, sowie die Handlungen, die zur Eigentumsübertragung notwendig sind, zu tragen (vgl. § 448 Abs. 2 BGB). Handelt es sich bei der gelieferten Sache um ein beiderseitiges Handelsgeschäft, so ist der Käufer verpflichtet, die Ware zu untersuchen. Des Weiteren hat er einen nicht vertragsmäßigen Gegenstand für eine angemessene Zeit auf Kosten des Verkäufers aufzubewahren (vgl. §§ 377, 379 HGB).

2.4 Arten von Mängeln

Wie bereits unter 2.3.1 betrachtet, hat der Verkäufer dem Käufer die Sache bei Gefahrenübergang frei von Rechts- oder Sachmängeln zu übereignen. Nur wenn ein Mangel gemäß §§ 434, 435 BGB vorliegt, finden die in § 437 BGB aufgezählten Ansprüche und Rechte Anwendung. Im Folgenden wird unterschieden, wann ein Rechts- beziehungsweise ein Sachmangel vorliegt.

2.4.1 Rechtsmangel

Ein Rechtsmangel liegt laut § 435 Satz 1 BGB vor, wenn Dritte Rechte gegen den Käufer geltend machen können. Genau wie bei einem Sachmangel, finden auch hier die Rechte des Käufers gemäß §§ 437 ff. BGB Anwendung. Der Verkäufer hat somit für die Mängel einzustehen (vgl. §§ 433 Abs. 1 Satz 2, 435, 437 BGB). Sollte sich beispielsweise nach dem Verkauf eines GmbH Anteils (§§ 15, 16 GmbHG) herausstellen, dass die entsprechende Einlage nicht erbracht wurde, so hat der Verkäufer diese laut §§ 437 Nr. 1, 439 Abs. 1 BGB zu leisten (vgl. Müssig 2016, S. 225). Es liegt nur dann ein Rechtsmangel vor, falls dieser nicht im Kaufvertrag mit übernommen wurde. Nicht übernommene Rechte, auf welche § 435 BGB zutrifft, sind vor der Übereignung durch den Verkäufer zu beseitigen. Unerheblich ist es dabei, ob es sich um ein dingliches oder um ein obligatorisches Recht handelt. Ein Rechtsmangel liegt bereits dann vor, wenn ein Recht aus Sicht des Käufers geltend gemacht werden kann. Entscheidend ist dabei nicht, ob dieses tatsächlich geltend gemacht wird (vgl. Oetker/Maultzsch 2013, S. 57). Ist im Grundbuch ein nicht bestehendes Recht eingetragen, so gilt dieses ebenfalls als Rechtsmangel (vgl. § 435 Satz 2 BGB). Der Zeitpunkt, ab welchem der Gegenstand frei von Rechtsmängeln zu sein hat, ist der der Eigentumsverschaffung nach § 433 Abs. 1 BGB (vgl. Oetker/Maultzsch 2013, S. 59 f., Rn. 91).

2.4.2 Sachmangel

Der Verkäufer ist des Weiteren dazu verpflichtet, dem Käufer die Sache ohne Sachmängel zu übergeben (vgl. § 433 Abs. 1 Satz 2 BGB). In § 434 BGB wird aufgeführt, unter welchen Gesichtspunkten man feststellt, ob ein Sachmangel vorliegt.

Wenn bei Gefahrenübergang der Kaufsache, welcher häufig die Übergabe ist (vgl. § 446 BGB), diese nicht die vereinbarte Beschaffenheit aufweist, dann liegt ein Sachmangel vor (vgl. § 434 Abs. 1 Satz 1 BGB). Es muss demzufolge vorrangig geprüft werden, ob die Istbeschaffenheit von der vereinbarten Sollbeschaffenheit negativ abweicht. Dies ist der Fall, wenn zum Beispiel ein Ölgemälde als Original verkauft wird, sich aber herausstellt, dass es sich in Wahrheit um eine Kopie handelt. Haben die beiden Kaufvertragsparteien keine konkrete Sollbeschaffenheit vertraglich festgelegt, so muss sich die Kaufsache, für die durch den Vertrag vorausgesetzte Verwendung, eignen (vgl. § 434 Abs. 1 Satz 2 Nr. 1 BGB). Eignet sich das gekaufte Haus nicht zum Wohnen, dann besitzt es einen Sachmangel (vgl. Müssig 2016, S. 226). Es gibt eine Einschränkung dieser Gesetzesnorm. Die Abweichung muss von der vereinbarten Beschaffenheit negativ für den Käufer sein.

Ein PKW, welcher statt der angegebenen Höchstgeschwindigkeit von 190 km/h eine maximale Geschwindigkeit von 200 km/h erreicht, besitzt daher keinen Sachmangel (vgl. Oetker/Maultzsch 2013, S. 42, Rn. 50).

§ 434 Abs. 1 Satz 2 Nr. 2 BGB legt fest, dass eine Kaufsache mangelhaft ist, wenn sie sich nicht für die gewöhnliche Verwendung eignet und außerdem nicht die übliche Beschaffenheit aufweist, welche der Käufer erwarten kann. Im Gegensatz zu dem im vorherigen Absatz beschriebenen Mangel, bei welchem sich die Sache nicht für die vorausgesetzte Verwendung eignet, handelt es sich hierbei um den sogenannten objektiven Fehlerbegriff. Dieser findet Anwendung, wenn die Kaufsache nicht den allgemeinen Standards entspricht. So kann der Käufer eines Neuwagens davon ausgehen, dass dieser keine Roststellen besitzt. Beschaffenheitsanforderungen im Sinne des § 434 Abs. 1 Satz 3 BGB stellen Eigenschaften dar, welche durch die öffentlichen Äußerungen des Verkäufers, des Herstellers oder seines Gehilfen getätigt werden. Dementsprechend kann der Kunde auf Werbung beziehungsweise besondere Kennzeichnungen, beispielsweise die Stromeffizienzklassen für Haushaltsgeräte, vertrauen. Die Vertragshändler müssen neben ihrer eigenen Werbung, ebenfalls für die Werbeaussagen von Herstellern und Zulieferern einstehen. Die Zurechnung von Herstellerangaben zu Lasten des Verkäufers beruht auf der Überlegung, dass er beim Vertrieb der Produkte von diesen profitiert und ihm eine Überprüfung bedeutend leichter fällt als dem Käufer (vgl. Oetker/Maultzsch 2013, S. 51, Rn. 68). Kannte der Verkäufer die Äußerungen nicht, beziehungsweise konnte sie nicht kennen, so hat er nicht für diese einzustehen (vgl. Müssig 2016, S. 226). Wichtig ist, dass sich die Äußerungen auf Eigenschaften beziehen, die nachgeprüft werden können. So schließt § 434 Abs. 1 Satz 3 BGB reißerische Anpreisungen, wie „bestes Produkt aller Zeiten", aus (vgl. Oetker/Maultzsch 2013, S. 50, Rn. 67).

Es liegt ferner ein Sachmangel vor, wenn eine vereinbarte Montage, durch den Verkäufer oder seinen Erfüllungsgehilfen, unsachgemäß durchgeführt wurden ist (vgl. § 434 Abs. 2 Satz 1 BGB). Wichtig hierbei ist die vertragliche Regelung der Montage. Liegt diese nicht vor, so wird diese als Kulanzleistung gewertet und zählt nicht zum Verfügungsgeschäft aus § 433 Abs. 1 Satz 2 BGB (vgl. Oetker/Maultzsch 2013, S. 54, Rn. 76). Eine fehlerhafte Montageanleitung ist gleichermaßen ein Mangel gemäß § 434 Abs. 2 Satz 2 BGB. Grundsätzlich gilt eine Anleitung als fehlerfrei, wenn sie lesbar ist und dem durchschnittlichen Käufer ermöglicht, den Kaufgegenstand sachgemäß zu montieren (vgl. Oetker/Maultzsch 2013, S. 55, Rn. 81).

Eine Falschlieferung laut § 434 Abs. 3 BGB stellt ebenfalls ein Sachmangel dar. Hierbei wird unterschieden zwischen dem qualitatives Aliud, bei dem der Verkäufer eine andere Sache liefert und dem quantitativem Aliud, die Lieferung einer zu geringen Menge (vgl. Berwanner, Aliud-Lieferung, 2017).

2.4.3 Verjährung von Mängelansprüchen

Damit die Ansprüche und Rechte des Käufers nicht verlorengehen, müssen entsprechende Fristen eingehalten werden. Die regelmäßige Verjährungsfrist, welche sich auf Forderungen unter Kaufleuten, Forderungen der Produkthaftung oder Forderungen unerlaubter Handlungen bezieht, beträgt drei Jahre (vgl. § 195 BGB). Sie beginnt mit dem Schluss des Jahres, in dem der Anspruch entstanden ist und der Gläubiger von den diesen Anspruch begründenden Umständen und der Person des Schuldners Kenntnis erlangt hat oder ohne grobe Fahrlässigkeit erlangen müsste (vgl. § 199 BGB).

Andere Verjährungsfristen können zwischen sechs Monaten und 30 Jahren liegen. Im Gegensatz zur regelmäßigen Verjährungspflicht weisen die besonderen Verjährungsfristen einen anderen Beginn auf. Sie fangen laut § 200 BGB mit der Entstehung des Anspruchs, das heißt an einem bestimmten Tag im Jahr, an zu laufen (vgl. Olfert 2016, S. 22).

Der § 438 BGB enthält die besonderen Regelungen bezüglich der Verjährung von Mängelansprüchen, welche unter § 437 BGB genannt werden. Eine Verjährungsfrist von 30 Jahren gilt demnach, wenn der Mangel in einem dinglichen Recht eines Dritten besteht, auf Grund dessen Herausgabe der Kaufsache verlangt werden kann (vgl. § 438 Abs. 1 BGB). Hierbei handelt es sich um Mobiliarpfandrechte oder Grundpfandrechte, wie beispielsweise Hypotheken oder Grundschulden.

Eine fünfjährige Verjährung gilt für Mängel bei einem Bauwerk oder Sachen, die entsprechend ihrer üblichen Verwendungsweise, insbesondere Baumaterial, für ein Bauwerk eingesetzt worden sind und dessen Mangelhaftigkeit verursacht haben (vgl. § 438 Abs. 1 Nr. 2b BGB).

Eine wichtige Frist im Zusammenhang mit dieser Arbeit, ist die Zweijahresfrist für Mängel an beweglichen Sachen (vgl. § 438 Abs. 1 Nr. 3 BGB). Die Verjährung beginnt mit der Übergabe, im Falle eines Grundstückkaufs, beziehungsweise mit der Ablieferung der Kaufsache (vgl. § 438 Abs. 2 BGB).

Die Gewährleistungsansprüche des Käufers sind ausgeschlossen, falls diesem der Mangel in Folge grober Fahrlässigkeit unbekannt geblieben ist oder er bei Vertragsabschluss den Mangel kannte. Das ist der Fall, wenn die Ware mit einem Vermerk „2. Wahl" oder „mit Schönheitsfehlern" gekennzeichnet ist. Hat der Verkäufer hingegen einen Mangel arglistig verschwiegen, so verliert der Käufer laut § 444 BGB seine Gewährleistungsansprüche nicht (vgl. Müssig 2016, S. 238). Der Gesetzgeber betrachtet in diesem Fall den Verkäufer als vermindert schutzwürdig und räumt dem Käufer eine für ihn günstigere Verjährungsfrist ein. So beginnt die Verjährung mit dem Schluss des Jahres, in welchem dem Käufer der Mangel, ohne grobe Fahrlässigkeit, bekannt geworden ist (vgl. §§ 199 Abs. 1, 438 Abs. 3 Satz 1 BGB).

Eine Verjährungsfrist kann sich verlängern, wenn eine Hemmung der Verjährung eintritt. Hierzu kann es kommen, falls Gläubiger und Schuldner Verhandlungen über den Anspruch oder die den Anspruch begründenden Umstände führen (vgl. § 203 BGB). Die Zustellung des Mahnbescheides im Mahnverfahren hemmt ebenfalls die Verjährung durch Rechtsverfolgung (vgl. § 204 BGB). Kommt es zu einer Anerkennung des Anspruchs durch den Schuldner, so beginnt die Verjährungsfrist, gemäß § 212 BGB, von neuem (vgl. Olfert 2016, S. 23).

Der Eintritt der Verjährung beseitigt nicht die Leistungspflicht des Schuldners. Vielmehr wird dieser in die Lage versetzt, die Leistung zu verweigern. Dazu muss er sich der Einrede der Verjährung bedienen, wenn der Gläubiger die Leistung geltend macht (vgl. § 214 BGB).

2.4.4 Rechte des Käufers

Im Falle einer Mangelhaftigkeit der Kaufsache nach §§ 434 Abs. 1 oder 2, 435 BGB ergeben sich gemäß § 437 BGB Ansprüche aus Sicht des Käufers. Nachfolgend werden die gesetzlichen Rechte des Käufers gegenüber dem Verkäufer näher betrachtet, wobei zwischen dem Nacherfüllungsanspruch, als primären Rechtsbehelf und verschiedenen sekundären Gewährleistungsansprüchen unterschieden wird.

Nacherfüllung

Im ersten Schritt hat der Käufer die Wahl (vgl. § 263 Abs. 1 BGB), die Lieferung einer mangelfreien Sache oder die Beseitigung des Mangels zu verlangen (vgl. §§ 434, 437 Nr. 1, 439 Abs. 1 BGB). Unter der Beseitigung eines Sachmangels ist im Sinne des § 434 Abs. 1 BGB eine Angleichung der Beschaffenheit der Kaufsache an den vertraglich geschuldeten Zustand gemeint, ohne das ein komplett

15

neuer Gegenstand geliefert wird. Handelt es sich zum Beispiel um einen Defekt bei einem technischen Gerät, so kann dieser durch eine Reparatur behoben werden. Verschlechterungen, welche in der Ursache auf dem Mangel beruhen, sind dabei dem Risikobereich des Verkäufers zuzuordnen. Kommt es auf Grund defekter Bremsen zu einem Unfall, so umfassen die Nachbesserungen nicht nur die Reparatur der Bremsen, sondern ebenfalls den dadurch entstandenen Blechschaden (vgl. Oetker/Maultzsch 2013, S. 101, Rn. 185). Der Anspruch auf Nacherfüllung ist unabhängig davon, ob der Verkäufer den Mangel nach §§ 276 ff. BGB zu vertreten hat (vgl. Müssig 2016, S. 229).

Der Käufer hat dem Verkäufer eine Nacherfüllungsfrist zu setzen. Diese muss angemessen sein und es dem Verkäufer ermöglichen, die Sache von dem Mangel zu „befreien". Tut er dies nicht oder ohne Erfolg, so kann der Käufer seine gesetzlichen Gewährleistungsansprüche geltend machen (§§ 440, 323, 326 Abs. 6, 441 BGB). Eine Nachbesserung gilt dabei grundsätzlich nach dem zweiten Versuch als fehlgeschlagen (§ 440 Nr. 2 BGB).

Die Transport-, Wege-, Arbeits- und Materialkosten, welche durch die Nacherfüllung entstehen, sind durch den Verkäufer zu tragen (vgl. § 439 Abs. 2 BGB). Dabei gilt, dass der Erfüllungsort für die Nacherfüllung der Ort ist, an dem die Kaufsache sich gemäß ihrer Zweckbestimmung befindet. Das heißt, ein Boot muss grundsätzlich durch den Verkäufer am Liegeplatz repariert werden. Es ist jedoch durchaus üblich, dass die Nachbesserung unter Umständen am Betriebssitz des Verkäufers, wie zum Beispiel der jeweiligen Autowerkstatt, erbracht werden kann (vgl. Müssig 2016, S. 231).

Der Verkäufer kann die vom Käufer gewählte Art der Nacherfüllung verweigern, wenn sie nur mit unverhältnismäßigen Kosten verbunden ist (vgl. § 439 Abs. 3 BGB). Hat ein Gegenstand einen Warenwert von 15 € und die Reparaturkosten würden 30€ betragen, so ist eine Ablehnung auf Nacherfüllung möglich. In so einem Fall könnte der Verkäufer, auf Grund der Unverhältnismäßigkeit der Reparaturkosten, die Neulieferung einer mangelfreien Sache veranlassen (vgl. Olfert 2016, S. 56). Die Kriterien, ob die durch den Käufer gewählte Art der Nacherfüllung nur mit unverhältnismäßigen Kosten für den Verkäufer verbunden ist und aufgrund dessen durch diesen abgelehnt werden kann, sind unter § 439 Abs. 3 Satz 2 BGB aufgeführt. Hier wird unter anderem der Wert der mangelfreien Sache, die Bedeutung des Mangels und die Möglichkeit des Käufers eine andere Art der Nacherfüllung in Anspruch zu nehmen, aufgeführt. Es bedarf demnach einer umfassenden Abwägung der gegenseitigen Interessen, unter Berücksichtigung der Umstände des jeweiligen Einzelfalls, ob der Vorteil, den der Käufer durch die

Nacherfüllung erhält, die Kosten für den Verkäufer rechtfertigt (vgl. Oetker/Maultzsch 2013, S. 113, Rn. 213). Ein Ausschluss des Anspruchs auf Nacherfüllung kommt ebenfalls zum Tragen, wenn nach § 275 Abs. 1 BGB das Beheben des Mangels unmöglich ist. So kann das gefälschte Gemälde eines Malers objektiv nicht nachgebessert werden. Von subjektiver Unmöglichkeit hingegen spricht man, falls bei einer vertragswidrig mit einem Pfandrecht belasteten Kaufsache der Pfandrechtsinhaber unter keinen Umständen bereit ist, auf das Pfandrecht zu verzichten. Hier ist es dem Verkäufer unmöglich, den Rechtsmangel zu beseitigen (vgl. Oetker/Maultzsch 2013, S. 106, Rn. 200). Eine Nachbesserung ist des Weiteren als unmöglich anzusehen, wenn es sich bei den gelieferten Sachen um ein qualitatives Aliud handelt. Liefert der Verkäufer ausversehen Rot- statt Weißwein ist demzufolge nur eine Nachlieferung in Betracht zu ziehen.

Das BGB räumt dem Verkäufer grundsätzlich ein „Recht zur zweiten Andienung" ein, sei es durch Reparatur oder Neulieferung. Kommt es zu einer mangelhaften Nacherfüllung, so stehen dem Käufer erneut die Rechte nach § 437 BGB zu und die Verjährungsfrist nach § 438 BGB beginnt von neuem zu laufen (vgl. Müssig 2016, S. 231).

Rücktritt

Wenn weder die Nachbesserung noch die Neulieferung (vgl. § 439 Abs. 1 BGB) gelingen, beziehungsweise der Verkäufer diese verweigert, dann kann der Käufer von seinem Recht des Rücktritts Gebrauch machen (vgl. § 437 Nr. 2 BGB). Das Recht zum Rücktritt steht dabei nicht gleichrangig neben dem Anspruch auf Nacherfüllung (vgl. § 439 BGB). So verweist § 323 Abs. 1 BGB auf § 437 Nr. 2 BGB und besagt, dass der Rücktritt durch den Käufer nur nach Ablauf einer angemessenen Frist in Anspruch genommen werden kann.

Das Erfordernis einer Fristsetzung ist unter den allgemeinen Voraussetzungen des § 323 Abs. 2 BGB entbehrlich. Dieser findet Anwendung, wenn der Verkäufer die Leistung ernsthaft und endgültig verweigert (vgl. § 323 Abs. 2 Nr. 1 BGB). Allerdings liegt eine Erfüllungsverweigerung nur dann vor, wenn der Verkäufer eindeutig zum Ausdruck bringt, dass er seinen Pflichten keinesfalls nachkommen werde. So ist im Falle eines rechtlich unwirksamen Ausschlusses der Mängelrechte des Käufers die Nachfristsetzung nicht entbehrlich. Man geht davon aus, dass sich der Verkäufer zu einer Nacherfüllung im Einklang mit der wahren Rechtslage bewegen lässt (vgl. BGH, Urteil vom 13.07.2011). Ebenfalls unnötig ist die Fristsetzung wegen einer Interessenabwägung im Sinne des § 323 Abs. 2

Nr. 3 BGB. Das Vertrauensverhältnis der Vertragsparteien ist regelmäßig irreparabel gestört, wenn dem Käufer ein Mangel arglistig durch den Verkäufer verschwiegen wurde (Oetker/Maultzsch 2013, S. 126 f., Rn. 241a). Die Nachfristsetzung ist in den Fällen §§ 323 Abs. 2, 440 Nr. 1 u. 2, 326 Abs. 5 BGB entbehrlich und der Käufer darf sofort vom Vertrag zurücktreten. Dies ist möglich, wenn sich herausstellt, dass der Gebrauchtwagen eine Laufleistung von 100.000 km statt der vereinbarten 50.000 km aufweist. In diesem Fall wird der Verkäufer gemäß §§ 275 Abs. 1, 326 Abs. 5 BGB leistungsfrei und gleichzeitig ist die Pflichtverletzung erheblich (vgl. Müssig 2016, S. 232). Ist die Nacherfüllung unzumutbar für den Käufer, so kann er diese verweigern (vgl. § 440 Nr. 1 BGB). Um die Unzumutbarkeit festzustellen, sind insbesondere die Art des Verkaufsgegenstandes sowie der vom Käufer verfolgte Zweck, ausschlaggebend. Wurde ein Fotoapparat im Urlaub erworben, aber dieser musste aufgrund eines Mangels erst repariert werden, so kann die Nacherfüllung als unzumutbar angesehen werden. Wichtig ist, dass der Verwendungszweck, in diesem Falle die sofortige und fristgemäße Verwendung der Kamera, dem Verkäufer bei Abschluss des Vertrages erkennbar war (Oetker/Maultzsch 2013, S. 129, Rn. 247).

Gemäß §§ 437 Nr. 2, 323 Abs. 5 Nr. 2 BGB ist bei einem unerheblichen Mangel kein Rücktritt vom Kaufvertrag möglich. Es kommt keine Unerheblichkeit zum Tragen, wenn der Verkäufer eine Garantie für die entsprechende Beschaffenheit übernommen hat oder bei arglistiger Täuschung über den Mangel (vgl. BGH, Urteil vom 24.03.2006). Nach allgemeiner Auffassung liegt bei Mängeln, welche sich durch geringfügigen Kostenaufwand beseitigen lassen oder den Wert des Kaufgegenstands nur in unwesentlichen Maß beeinträchtigen, eine Unerheblichkeit vor. So hat der Käufer eines Fahrzeuges, mit einem Mehrverbrauch von weniger als 10% gegenüber dem Verkaufsprospekt, keinen Anspruch auf Rücktritt vom Kaufvertrag (vgl. OLG Hamm, Urteil vom 07.02.2013). Die Unerheblichkeitsklausel dient dazu, dass bei einer geringfügigen Vertragswidrigkeit, der Bestand des Schuldverhältnisses nicht mehr in Frage gestellt werden soll. Die Ansprüche und Rechte des Käufers beschränken sich in so einem Fall auf § 437 BGB (vgl. Oetker/Maultzsch 2013, S. 131, Rn. 250).

Der Rücktritt ist des Weiteren ausgeschlossen, wenn der Käufer allein oder weit überwiegend für den Mangel verantwortlich ist (vgl. § 323 Abs. 6 BGB). An Hand des § 346 Abs. 3 Satz 1 Nr. 3 BGB lässt sich jedoch entnehmen, dass der Gläubiger nicht für jede einfache Fahrlässigkeit analog zu § 276 Abs. 2 BGB in Betracht

kommt. Vielmehr erlischt sein Rücktrittsrecht bei Verstoß gegen die eigene Sorg-
faltspflicht im Sinne des § 277 BGB, das heißt falls die mangelhafte Sache vor-
sätzlich von ihm zerstört wird.

Minderung

Die Minderung ist grundsätzlich unter den gleichen Voraussetzungen wie der
Rücktritt möglich (vgl. §§ 433 Abs. 1 Nr. 2, 434, 437 Nr. 2, 323, 441 BGB). Ist
die Nacherfüllung erfolglos geblieben, so kann der Käufer vom Vertrag zurücktreten oder die Ware behalten und den Kaufpreis mindern. Anders als beim Rücktritt, wandelt sich der Kaufvertrag bei einer Minderung nicht insgesamt in ein
Rückschuldverhältnis um. Stattdessen reduziert sich die Pflicht zur Kaufpreiszahlung für den Käufer (vgl. Oetker/Maultzsch 2013, S. 132, Rn. 253). Die Minderung tritt nicht kraft Gesetzes ein, sondern ist eine Gestaltungsmöglichkeit im
Kaufrecht. Die Ausübung hat, wie der Rücktritt, durch eine empfangsbedürftige
Willenserklärung zu erfolgen. Mit deren Zugang ist die Minderung wirksam. Eine
Anfechtung wegen Irrtums ist nur sehr eingeschränkt möglich. Insbesondere der
Irrtum über die Rechtsfolgen der Minderung wird ausgeschlossen. Folglich kann
der Käufer nicht auf den Rücktritt übergehen, falls er feststellt, dass dieser güns-
tiger für ihn gewesen wäre.

Der § 441 Abs. 1 Satz 1 BGB besagt, dass die Minderung anstatt eines Rücktritts
in Anspruch genommen werden kann. Aus diesem Grund müssen bei einer Minderung alle Voraussetzungen eines Rücktrittsrechts erfüllt werden. Die Minderung
ist gegenüber der Nacherfüllung grundsätzlich als nachrangig anzusehen. Die einzige Ausnahme findet sich im § 323 Abs. 5 Satz 2 BGB wieder. So schließt dieser
den Rücktritt aus, falls der Mangel unerheblich ist. Die Herabsetzung des Kaufpreises durch Minderung wird dagegen nicht ausgeschlossen (vgl. Oetker/Mault-
zsch 2013, S. 133, Rn. 255 f.).

Die Minderung berechnet sich gemäß § 441 Abs. 3 Satz 1 BGB. Es wird demnach
der Kaufpreis im Verhältnis herabgesetzt, in welchem er zur Zeit des Vertrags-
schlusses zu dem Wert der Sache in mangelfreien Zustand gestanden hätte. Mit
Hilfe der folgenden Rechnung soll der Sachverhalt verdeutlicht werden:

$$\frac{\text{vereinbarter Preis (1000 GE)} * \text{Wert der mangelhaften Sache (800 GE)}}{\text{Wert der mangelfreien Sache (1200 GE)}} = 666{,}67 \text{ GE}$$

Eine für 1000 GE gekaufte Maschine, welche mangelfrei 1200 GE wert ist, funk-
tioniert nicht ordnungsgemäß. Ein Sachverständiger schätzt den Wert der mangelhaften Maschine auf 800 GE. In diesem Beispiel beträgt der geminderte Kaufpreis
666,67 Geldeinheiten (GE). Wurde dieser bereits vollständig durch den Käufer

bezahlt, so kann er den überzahlten Betrag, hier 333,33 GE, vom Verkäufer entsprechend §§ 441 Abs. 4 Satz 1, 346 ff. BGB zurückverlangen. Der Rückgewährungsanspruch besteht nur, falls der Käufer den Mehrbetrag geleistet hat, bevor die Minderung eingetreten ist. Kommt es dagegen irrtümlicherweise zu einer Zahlung des ursprünglich vereinbarten Betrages nach der Minderung, so entsteht eine Rückforderung, der zu viel gezahlten Differenz gemäß § 812 Abs. 1 Satz 1 BGB (vgl. Oetker/Maultzsch 2013, S. 134, Rn. 258 ff.).

Schadensersatz

Ist dem Käufer ein mangelhafter Gegenstand geliefert wurden, dann kann er unter den Voraussetzungen des § 437 Nr. 3 BGB Schadensersatz verlangen. Voraussetzung hierfür ist, dass dem Käufer durch den Mangel an der Sache ein kausaler Schaden entstanden ist. Hierbei finden grundsätzlich die allgemeinen Regelungen des Schuldrechts Anwendung (vgl. §§ 280 ff. BGB). Scheitert die Nacherfüllung, gegebenenfalls nach dem Setzen einer angemessenen Frist, so hat der Verkäufer demnach dafür zu haften, dass er seiner Pflicht zur Lieferung einer mangelfreien Sache nicht nachgekommen ist (vgl. §§ 439, 440, 281 Abs. 1 Satz 1, 323 Abs. 2 BGB). Man spricht hier von der sogenannten objektiven Pflichtverletzung. Besondere Bedeutung, hinsichtlich des Schadensersatzanspruches auf Grund einer mangelhaften Leistung, stellt das Vertretenmüssen der Pflichtverletzung durch den Verkäufer dar (vgl. §§ 276, 278, 280 Abs. 1 Satz 2 BGB). Denn dieses ist für alle unter § 437 Abs. 3 BGB genannten Schadensersatzansprüche erforderlich und stellt fest, ob der Verkäufer ferner subjektiv für den Mangel verantwortlich ist. Gemäß §§ 437 Nr. 3, 280 Abs. 1, 281 BGB hat der Käufer Anspruch auf Erstattung der Mängelschäden, welche in der Sache selbst liegen, wie Reparaturkosten oder Minderwert (vgl. Oetker/Maultzsch 2013, S. 135, Rn. 265 f.).

Zunächst muss bei einem Schadensersatzanspruch danach differenziert werden, ob der Käufer noch ein Interesse an der Leistung hat oder nicht. Möchte er die Sache behalten, dann kommt ein Schadensersatz neben der Leistung nach § 280 Abs.1 BGB zu Stande. Gibt es von Käuferseite dagegen kein weiterbestehendes Interesse am Kaufgegenstand, so kann der Schadensersatz statt der Leistung verlangt werden. Die Rückgabe der mangelhaften Sache und der Anspruch auf Schadensersatz, der sogenannte große Schadensersatz, ist dann ausgeschlossen, wenn die Pflichtverletzung unerheblich ist (vgl. § 281 Abs. 1 Satz 3 BGB). Diese Regelung harmonisiert mit dem Rücktrittsrecht, welches, wie bereits unter 2.4.4.2 erwähnt, bei unerheblichen Mängeln keine Anwendung findet. Eine Kombination aus Rücktritt und Schadensersatz ist demzufolge gemäß § 325 BGB möglich, unter Berücksichtigung der angesprochenen Ausnahme. Der Gläubiger kann, wenn er Schadensersatz statt der (ganzen) Leistung geltend machen will, die Kaufsache behalten und vom Verkäufer verlangen, dass er so gestellt wird, als ob der Verkäufer ordnungsgemäß seine Pflichten erfüllt hat. In diesem Fall spricht man vom kleinen Schadensersatz (vgl. Müssig 2016, S. 234 f.). Der Anspruch auf Erfüllung beziehungsweise Nacherfüllung erlischt, wenn der Käufer den Schadensersatz statt Leistung geltend gemacht hat (vgl. § 281 Abs. 4 BGB).

Widerfährt dem Käufer aufgrund der mangelhaften Sache ein Schaden an seinen sonstigen Rechtsgütern, so kann sich ein Schadensersatz neben der Leistung ergeben (vgl. § 280 Abs. 1 BGB). Es handelt sich hierbei um die sogenannten Integritäts- oder Mangelfolgeschäden. Diese können eintreten, wenn zum Beispiel durch die Lieferung einer mangelhaften Maschine ein Umsatzausfall entsteht. Neben der Nacherfüllung, kann der Käufer hier den entgangenen Gewinn nachfordern (vgl. §§ 280 Abs. 1, 437 Nr. 3, 252 BGB). Treten Mangelfolgeschäden auf, dann entfällt die Pflicht, zunächst einen Nacherfüllungsanspruch geltend zu machen und der Gläubiger kann den Schadensersatz neben der Leistung ohne Fristsetzung verlangen (vgl. §§ 437 Nr. 3, 280 Abs. 1 BGB).

Alternativ zum Schadensersatz statt der Leistung kann der Käufer ebenso den Ersatz vergeblicher Aufwendungen verlangen (vgl. §§ 437 Nr. 3, 284 BGB). Es handelt sich dabei um Aufwendungen, die der Gläubiger im Vertrauen auf den Erhalt der Sache gemacht hat. Mietet sich ein Käufer einen Transporter zur Abholung von Waren, welche sich als mangelhaft herausstellen, so kann er verlangen, dass der Verkäufer ihm die Transportermiete erstattet. Die Kosten für den Vertragsschluss, Notargebühren oder die Finanzierungskosten werden ebenso als Aufwendungsersatz betrachtet (vgl. Brox/Walker 2012, § 4, Rn. 112). Da Aufwendungsersatz nur anstelle des Schadensersatzes statt der Leistung verlangt werden kann, müssen alle Voraussetzungen für dessen Geltendmachung erfüllt sein (vgl. §§ 284, 280 Abs. 1 Satz 2, 440 BGB).

2.5 Garantievereinbarungen

Die Parteien eines Kaufvertrages können abweichend von §§ 433 BGB ihre Rechtsbeziehung frei gestalten. In der Praxis werden häufig Garantien vereinbart, welche neben dem Verkäufer auch Hersteller mit einbeziehen können. Da die entsprechenden Abreden individuell ausgestaltet werden können, klärt der § 443 BGB nur wenige Fragen in Bezug auf die unterschiedlichen Garantieformen. Im Verbrauchsgüterkauf, auf welchen im weiteren Verlauf der Arbeit eingegangen wird, sind die entsprechenden Sonderbestimmungen in § 477 BGB zu finden.

2.5.1 Garantien des Verkäufers und Herstellers

Wenn eine Vereinbarung zwischen dem Käufer und Verkäufer getroffen wird, dann handelt es sich um selbstständige oder unselbstständige Garantien.

Bei den unselbstständigen Garantien wird zwischen der Beschaffenheits- und Haltbarkeitsgarantie unterschieden. Mit der Beschaffenheitsgarantie übernimmt der Verkäufer oder ein Dritter die Garantie, dass der Kaufgegenstand zum maßgeblichen Zeitpunkt, welcher Gefahrenübergang oder die Rechtsbeschaffung sein kann, bestimmte Merkmale aufweist. Im Falle des Nichtvorhandenseins verpflichtet sich der Verkäufer verschuldensunabhängig auf Schadensersatz zu haften (vgl. §§ 443 Abs. 1, 276 Abs. 1 Satz 1 BGB). Auf der anderen Seite gibt es die Haltbarkeitsgarantie (vgl. § 443 Abs. 1 BGB). Mit dieser verpflichtet sich der Verkäufer, dass die Kaufsache für eine bestimmte Dauer eine bestimmte Beschaffenheit aufweist. Ist der Bildschirm des Fernsehers nach dem maßgeblichen Zeitpunkt defekt, ohne dass dieser Mangel bei Gefahrenübergang feststellbar war, so könnte sich der Käufer auf die Haltbarkeitsgarantie des Verkäufers berufen (vgl. Oetker/Maultzsch 2013, S. 170, Rn. 350 ff.).

Selbstständige Garantien werden nicht im § 443 BGB geregelt. Sie enthalten eine Einstandspflicht des Verkäufers, für weitergehenden Erfolg, zum Beispiel für den Jahresverdienst, den der Betrieb durch eine bestimmte Anlage erzielen kann. Der selbstständige Garantievertrag stellt ein eigenständiges Schuldverhältnis dar, welches neben dem Kaufvertrag gilt. Tritt ein Mangel ein, so verpflichtet sich der Verkäufer gemäß § 249 ff. BGB zum Schadensersatz (vgl. Reinicke/Tiedtke 2009, Rn. 833).

Die Abgrenzung zwischen „selbstständig" oder „unselbstständig" spielt bei einer Garantievereinbarung mit einem vom Verkäufer verschiedenen Hersteller keine Rolle, da zwischen dem Käufer und dem Drittthersteller kein Vertrag entsteht. Somit kommt, falls eine Garantie vereinbart wurde, immer ein selbstständiger Garantievertrag nach § 145 ff. BGB zu Stande. Die Annahme geschieht, wenn der Hersteller einen Garantieschein beilegt und dieser durch den Kunden zur Kenntnis genommen wird. Eine andere Möglichkeit bietet ein Garantievertrag zugunsten des Endabnehmers, welcher zwischen Hersteller und Verkäufer geschlossen wird (vgl. Oetker/Maultzsch 2013, S. 173, Rn. 356 f.).

2.5.2 Ansprüche des Käufers

Gemäß § 443 Abs. 1 BGB stehen dem Käufer die Rechte aus der Garantieerklärung und der angegebenen Bedingungen der einschlägigen Werbung im Garantiefall zu. Man ist sich einig, dass hier ebenfalls § 434 Abs. 1 Satz 3 BGB Anwendung findet. Somit hätte der Verkäufer bei Vereinbarung einer Beschaffenheitsgarantie gleichermaßen für Werbeaussagen des Herstellers zu haften (vgl. Looschelders 2012, Rn. 168). Gibt der Hersteller eine Vereinbarung der Beschaffenheitsgarantie ab, bedeutet diese nicht, dass gegenüber dem Hersteller alle Ansprüche und Rechte des § 437 BGB geltend gemacht werden können. Oft verpflichtet sich dieser nur zu einer Nachbesserung oder Ersatzlieferung, welche summenmäßig beschränkt werden kann (vgl. Brox/Walker 2012, § 4 Rn. 118). Unbeschadet der Beschaffenheitsgarantie stehen dem Kunden seine gesetzlichen Ansprüche zu (vgl. § 443 Abs. 1 BGB).

Für die Haltbarkeitsgarantie gelten gemäß § 443 Abs. 1 BGB die gleichen Regelungen, wie für die Beschaffenheitsgarantie. Zusätzlich legt § 443 Abs. 2 BGB fest, dass ein Mangel, der während der Geltungsdauer der Vereinbarung auftritt, die Garantie begründet. Der Käufer muss im Falle eines Mangels nur nachweisen, dass dieser im Garantiezeitraum aufgetreten ist. Der Garant hätte daraufhin die Möglichkeit nachzuweisen, ob die Verschlechterung auf äußere Einwirkung zurückzuführen ist. Das dürfte sich jedoch als schwer herausstellen (vgl. Oetker/Maultzsch 2013, S. 176, Rn. 362 ff.). Wichtig für den Käufer ist des Weiteren, dass bei Entdeckung eines Mangels die Verjährungsfrist des § 438 Abs. 1 BGB analog zu laufen beginnt. Dies geschieht unbeachtet davon, ob die Garantiezeit über die Verjährungsfrist hinausgeht. Wer zum Beispiel eine dreijährige Herstellergarantie für einen PKW hat und nach sechs Monaten einen Mangel feststellt, muss innerhalb von zwei Jahren gegen den Hersteller vorgehen (vgl. Erman/Grunewald 2011, § 443 Rn. 12).

2.6 Besonderheiten beim Verbrauchsgüterkauf

Es gibt spezielle Ausprägungen von Kaufverträgen. Eine besondere Art des Verkaufes stellt der Verbrauchsgüterkauf dar, bei welchem ein Verbraucher (vgl. § 13 BGB) eine bewegliche Sache von einem Unternehmer kauft (vgl. § 14 BGB). Der Verbrauchsgüterkauf umfasst die §§ 474 bis 479 BGB und enthält ergänzende Regelungen, welchen den Verbraucher in besonderer Weise schützen soll. Ausgenommen hiervon ist die öffentliche Versteigerung gebrauchter Sachen (vgl. Oetker/Maultzsch 2013, S. 229, Rn. 517).

2.6.1 Ergänzende Regelungen zum Schutz des Verbrauchers

Für den Fall, dass ein Verbraucher von einem Unternehmer eine bewegliche Sache kauft, darf dieser die dem Verbraucher gewährten Rechte nicht außer Kraft setzen. Gemäß § 475 Abs. 1 Satz 1 BGB kann sich der Unternehmer nicht auf eine Vereinbarung berufen, welche vor Eintritt des Sachmangels getroffen wurde, wenn diese zum Nachteil des Verbrauchers wäre. Eine in dieser Form getroffene Vereinbarung ist nichtig. Diese Regelung erfährt besondere Bedeutung beim Verkauf von Gebrauchtwagen durch Unternehmer an Verbraucher. Bis zum 01.01.2002 war es üblich, dass gebrauchte Fahrzeuge unter Ausschluss jeglicher Gewährleistung für Mängel verkauft wurden. Mit der damaligen Schuldrechtsreform aus dem Jahre 2002 wurde eine Neuerung im BGB eingeführt, welche auf die europäische Verbraucherschutzrichtlinie zurückgeht. Somit ist dieser Ausschluss, gemäß §§ 475 Abs. 1 Satz 1, 433 Abs. 1 Satz 2 BGB, nun nicht mehr möglich. Liefert der Unternehmer eine mangelhafte Sache, so hat der Verbraucher die gleichen Rechte und Ansprüche laut §§ 437, 439 bis 442 BGB und eine Einschränkung derer ist unzulässig. So kann der Unternehmer ferner nicht vertraglich vereinbaren, dass er keiner Bindung an die Werbeaussagen des Hersteller, im Sinne des § 434 Abs. 1 Satz 3 BGB, unterliegt (vgl. Oetker/Maultzsch 2013, S. 237, Rn. 536 f.)

Weiterhin gilt § 439 Abs. 4 BGB nur eingeschränkt beim Verbrauchsgüterkauf. So ist dem Verkäufer lediglich die mangelhafte Sache zurückzugewähren, nicht aber ein Nutzungs- und Werteersatz zu leisten. Kauft demnach der Verbraucher ein Auto und verlangt im Rahmen der Nacherfüllung die Lieferung einer mangelfreien Sache, dann muss er dem Verkäufer keinen Ersatz zahlen. Mit anderen Worten, die Nutzung ist für ihn kostenfrei. Anders gestaltet sich die Sachlage im Falle eines Rücktritts (vgl. § 437 Nr. 2 BGB). Hier erhält der Käufer den Kaufpreis nebst Zinsen und muss dem Verkäufer eine Nutzungsentschädigung gemäß § 346 Abs. 1, 2 BGB zahlen. Diese berechnet sich am Beispiel des PKWs an Hand der Laufleistung (vgl. Müssig 2016, S. 239 f.).

Im Normalfall gilt, dass die Gefahr auf den Käufer übergeht, sobald der Verkäufer die Sache dem Spediteur übergeben hat (vgl. § 447 Abs. 1 BGB). Im Rahmen des Verbrauchsgüterkaufes findet diese Regelung nur unter bestimmten Voraussetzungen Anwendung. So geht die Gefahr für gewöhnlich erst auf den Verbraucher über, wenn diesem die Ware übergeben wird (vgl. § 446 BGB). Sollte der Verbraucher jedoch eine ihm zuvor nicht vom Unternehmer benannte Transportperson selbst beauftragen, dann geht das Risiko ab dem Zeitpunkt auf ihn über, wenn der Unternehmer die Sache an den Spediteur übergibt (vgl. Oetker/Maultzsch 2013, S. 236, Rn. 553).

Des Weiteren regelt der § 475 Abs. 2 BGB die Verjährung von Mängelansprüchen. Die Geltendmachung von Mängeln hat innerhalb von zwei Jahren und bei gebrauchten Sachen innerhalb von einem Jahr zu erfolgen. Eine Vereinbarung, welche kürzere Fristen gegenüber dem Verbraucher erklärt, ist nichtig (vgl. Olfert 2016, S. 33).

Grundsätzlich liegt die Beweispflicht, dass ein Sachmangel vorliegt, beim Käufer (vgl. § 363 BGB). Handelt es sich allerdings um einen Verbrauchsgüterkauf, so kommt die Beweislastumkehr zum tragen (vgl. § 476 BGB). Diese besagt, wenn innerhalb der ersten sechs Monate nach Gefahrenübergang ein Sachmangel auftritt, davon ausgegangen werden kann, dass die Sache bereits mangelhaft war. Die Regelung beruht darauf, dass dem Verkäufer typischerweise bessere Erkenntnis- und Beweismöglichkeiten hinsichtlich der Beschaffenheit der Kaufsache zur Verfügung stehen als dem Käufer (vgl. BGH, Urteil vom 11.07.2007). Stellt sich zum Beispiel heraus, dass der Motor, des von einem Unternehmer gekauften Autos nach drei Monaten defekt ist, so liegt die Beweispflicht bei diesem. Hat der Verbraucher den Motor jedoch „frisiert", so kommt es zu einer Beweislasterleichterung für den Unternehmer nach § 280 Abs. 1 Satz 2 BGB (vgl. Müssig 2016, S. 228).

2.6.2 Garantie

In § 477 BGB werden zusätzliche Anforderungen an die Garantieerklärungen im Sinne des § 443 BGB gestellt. Es muss folgendes enthalten sein: Ein Hinweis auf die gesetzlichen Rechte des Verbrauchers, sowie darauf, dass diese nicht durch die Garantie eingeschränkt werden, der Inhalt der Garantie und alle wesentlichen Angaben, die für ihre Geltendmachung erforderlich sind. Außerdem wird auf die Transparenz der Erklärung (vgl. § 477 Abs. 1 BGB) und der Anspruch einer Mitteilung in Textform eingegangen (vgl. § 477 Abs. 2 BGB). Problematisch gestaltet sich die Rechtslage, wenn bei einem Verbrauchsgüterkauf ein Dritter die Garantie erteilt. Aus dem Wortlaut lässt sich nicht genau erkennen, ob § 477 BGB auch für ihn gilt. Da sich der Paragraph allerdings auf Art. 6 der Verbrauchsgüterkaufrichtlinie stützt, welche als Garanten Hersteller aber auch Dritte ausweist, kann man davon ausgehen, dass § 477 BGB ebenfalls gegenüber Dritten seine Wirkung entfaltet. Grundvoraussetzung hierfür ist immer, dass die Garantie selbst durch einen Unternehmer erklärt wurde.

Kommt es zu einem Verstoß der Anforderungen des § 477 Abs. 1 und 2 BGB, so verpflichtet sich der Unternehmer zum Schadensersatz nach § 280 ff. BGB (vgl. Looschelders 2012, Rn. 275). Außerdem kann bei mehrdeutigen Regelungen, die gegen das Transparenzgebot verstoßen, § 305 c Abs. 2 BGB angewendet werden. Das hat zur Folge, dass bei fehlender Eindeutigkeit, die für den Verbraucher günstigere Variante anzunehmen ist. Wenn zum Beispiel nicht ersichtlich ist, ob der Hersteller nur eine Beschaffenheitsgarantie oder eine Haltbarkeitsgarantie übernimmt, dann gilt letzteres (vgl. Oetker/Maultzsch 2013, S. 246, Rn. 558 ff.).

2.6.3 Lieferantenregress

Ist eine Kaufsache mangelhaft und der Verbraucher macht seine Rechte gegenüber dem Verkäufer, welcher nicht zugleich Hersteller ist, geltend, dann ergibt sich ein Problem. Selbst wenn der Mangel nicht im Verantwortungsbereich des Verkäufers liegt, würde ihn die Last der Verbraucherrechte höchstwahrscheinlich endgültig treffen. Damit es nicht zu einer derartigen Ungerechtigkeit kommt, schreibt Art. 4 Satz 1 der Verbrauchsgüterkauf-Richtlinie vor, dass das innerstaatliche Recht Unternehmern eine effektive Regressmöglichkeit einräumen muss. Die Umsetzung dieser Vorgabe findet in §§ 478, 479 BGB statt. Ziel der Vorschriften ist es, Regelungen zu treffen, welche dem Unternehmer die gleichen Rechte gegenüber dem Lieferanten zusichern, die der Verbraucher gegenüber dem Unternehmer hat. Die Möglichkeit auf Regress erstreckt sich dabei auf die gesamte Lieferkette bis zum Produzenten (vgl. §§ 478 Abs. 5, 479 Abs. 3 BGB).

Wichtig ist dabei, dass ein Regress im Sinne der §§ 478, 479 BGB nur vorliegt, wenn dieselbe Sache weiterverkauft wird. Setzt der Unternehmer dagegen die erworbenen Einzelteile zusammen, kommt die Regelungen nicht zum Tragen (vgl. Emmerich 2012, § 6 Rn. 8). Eine direkte Anwendung der §§ 437 ff. BGB wird durch die Rückgriffmöglichkeit des Unternehmers nicht verdrängt, sondern vielmehr ergänzt. Der Regressanspruch setzt zudem voraus, dass der Verkäufer die Sache von einem Unternehmer erworben hat. Der § 478 Abs. 1 BGB kommt weiterhin nur zum Tragen, falls die Rücknahme der Sache verpflichtend war, beziehungsweise die gesetzlichen Voraussetzungen vorlagen. Genehmigt der Verkäufer einen Rücktritt aus Kulanz, dann findet der Lieferantenregress somit keine Anwendung. Das gleiche gilt, wenn der Unternehmer den Aufwendungsersatzanspruch, welche ihm durch die Nacherfüllung entstanden ist, geltend machen will. Hier ist es ebenso notwendig, dass er zur Nacherfüllung verpflichtet war, da sonst kein Anspruch aus § 478 Abs. 1 BGB vorliegt (vgl. Ermann/Grunewald 2011, § 478, Rn.14).

Macht der Unternehmer Ansprüche und Rechte des § 437 BGB gegenüber dem Lieferanten geltend, so ist die Fristsetzung entbehrlich. Alle weiteren Voraussetzungen zum geltend machen von Ansprüchen, wie das Vertretenmüssen des Lieferanten, bleiben unberührt. Es kann vorkommen, dass ein Sachmangel, welcher im Verhältnis Verbraucher und Unternehmer aufgetreten ist, im Verhältnis zwischen Lieferant und Unternehmer nicht als vertragswidrig gilt. Weist ein Lieferant den Unternehmer auf einen Lackschaden hin, dieser aber verschweigt es dem Verbraucher, dann stehen dem Unternehmer keine Regressansprüche gegenüber dem Lieferanten zu (vgl. Oetker/Maultzsch 2013, S. 247, Rn. 562 ff.). Der Unternehmer kann ebenfalls von der Beweislastumkehr Gebrauch machen. Die sechsmonatige Frist beginnt allerdings erst zu laufen, mit dem Gefahrenübergang auf den Verbraucher (vgl. § 478 Abs. 3 BGB).

§ 479 Abs. 1 BGB legt fest, dass die Frist für die Verjährung eines Aufwendungsersatzes zwei Jahre beträgt. Damit unterscheidet sie sich nicht von der allgemeinen Regelung, welche im § 438 Abs. 1 Nr. 3 BGB zu finden ist. Verschweigt der Lieferant arglistig einen Mangel, so ist § 438 Abs. 3 BGB anzuwenden. Des Weiteren verjähren alle Rückgriffsansprüche des Unternehmers gegenüber dem Lieferanten frühestens zwei Monate nach dem Zeitpunkt, an dem der Unternehmer seine Ansprüche gegenüber dem Verbraucher erfüllt hat. Spätestens enden sie fünf Jahre nachdem der Lieferant dem Unternehmer die Sache abgeliefert hat (vgl. § 479 Abs. 1, 2 BGB).

3 Der Abgasskandal der Volkswagen Gruppe

„Ich bin bestürzt über das, was in den vergangenen Tagen geschehen ist. Vor allem bin ich fassungslos, dass Verfehlungen dieser Tragweite im Volkswagen Konzern möglich waren (…) Volkswagen braucht einen Neuanfang - auch personell." (vgl. Winterkorn, 2015). Mit diesen Worten erklärt der damalige Vorstandsvorsitzende von Volkswagen, Martin Winterkorn, seinen Rücktritt am 23.09.2015. Damit zieht er die Konsequenzen aus der Affäre um die manipulierten Abgaswerte und übernimmt die Verantwortung für die einige Tage zuvor bekanntgewordenen Unregelmäßigkeiten bei diversen Dieselmotoren. Innerhalb kürzester Zeit hat sich der Vorzeigekonzern der deutschen Wirtschaft in einen der größten Krisenfälle verwandelt. Die Aktie verliert fast die Hälfte ihres Wertes, das Image ist angeschlagen, Kunden verärgert und Mitarbeiter verunsichert. Es drohen weltweite Rückrufe und Schadensersatzklagen im Milliardenbereich. (vgl. Bay u.a. 2017).

Im Folgenden soll zunächst der Volkswagen Konzern kurz vorgestellt werden. Im Anschluss werden die Entstehung und der Verlauf des Abgasskandals erläutert. Abschließend werden die Gewährleistungs- und Schadensersatzansprüche deutscher Autokäufer näher beleuchtet.

3.1 Firmenprofil des VW-Konzerns

Der Volkswagen Konzern, mit Hauptsitz in Wolfsburg, wurde 1937 unter dem Namen „Gesellschaft zur Vorbereitung des Deutschen Volkswagens mbH" gegründet. Er ist Europas größter Automobilproduzent und gemeinsam mit Toyota und General Motors einer der größten Fahrzeughersteller weltweit. So stammt jedes fünfte Auto in Westeuropa aus dem Wolfsburger Konzern. Die Marken Volkswagen PKW, Audi, Seat, Skoda sowie die Premiummarken Bentley, Bugatti, Lamborghini, Porsche und Ducati sind ein Teil der Firmengruppe. Des Weiteren zählt die Nutzfahrzeugsparte mit Volkswagen Nutzfahrzeuge, MAN und Scania zum Unternehmen. Jede einzelne Marke operiert dabei selbstständig am Markt, wobei das Angebot von Kleinwagen über Luxusmodelle bis hin zu Bussen und LKWs reicht. VW ist mit 120 Fertigungsstätten in 20 Ländern Europas und in 11 Ländern Amerikas, Asiens und Afrikas vertreten. Die 626.000 Beschäftigten produzieren an jedem Arbeitstag weltweit nahezu 43.000 Fahrzeuge, sind mit fahrzeugbezogenen Dienstleistungen befasst oder arbeiten in weiteren Geschäftsfeldern, wie zum Beispiel den Volkswagen Financial Service. Seine Fahrzeuge bietet der Automobilhersteller in 153 Ländern an. Im Jahr 2016 wurde konzernweit ein Umsatz von 217 Milliarden Euro erzielt.

Mit seinem Zukunftsprogramm „TOGETHER- Strategie 2025" will sich Volkswagen neu ausrichten, um zum weltweitführenden Anbieter für nachhaltige Mobilität zu werden. Hierzu ist eine Transformation des automobilen Kerngeschäfts notwendig. Das Programm sieht unter anderem vor, dass bis 2025 mehr als 30 zusätzliche vollelektrische Modelle angeboten werden. Darüber hinaus wird der Fokus auf den Ausbau der Batterietechnologie, dem autonomen Fahren und der Digitalisierung aller Marken gelegt. Gleichzeitig soll mit weiteren Diensten, wie Robotaxis, Carsharing und Transport-on-Demand Systemen, ein zweites Geschäftsstandbein geschaffen werden (vgl. Volkswagen AG 2017).

3.2 Der Verlauf des Abgasskandals

Die Abgasaffäre wurde am 18.09.2015 öffentlich, nachdem die amerikanische Umweltbehörde Enviromental Protection Agency (EPA) bekanntgab, dass der Verdacht bestehe, Volkswagen hätte Emissionswerte manipuliert. Doch die Ursprünge dieses Skandals liegen weit in der Vergangenheit.

Im Jahr 2005 versuchen VW, Mercedes-Benz, Audi und BMW die Dieselfahrzeuge in die USA zu bringen. Im Vergleich zu Europa galt dort nicht die Euro 5 Norm, sondern eine strengere Vorschrift mit den Namen Norm Bin-5 Lev II (Low Emission Vehicle II). Volkswagen will mit niedrigen Abgaswerten werben, weswegen besonders restriktive Grenzwerte eingehalten werden müssen. Die Entwicklung des neuen Motors EA 189 wird unter der Leitung von Wolfgang Bernhard, ehemaliger Markenchef von VW, vorangetrieben (vgl. Bay u.a. 2017, S. 16). Schnell wird dem Entwicklerteam klar, dass der Motor, welcher sparsam und leistungsstark sein sollte, nicht die strengen US-Grenzwertanforderungen erfüllen kann. Es verbleiben zwei Möglichkeiten. Zum einen könnte man dem Vorstand melden, dass der Motor, womöglich das ganze Auto, anders konzipiert werden muss. Dieser Schritt wäre mit hohen Kosten verbunden gewesen. Die Verantwortlichen fällen daher am 20. November 2005 eine folgenschwere Entscheidung. Sie wollen eine Software installieren, die einen Testzyklus erkennt und somit im Prüfstand das Auto „sauber" erscheinen lässt. Die dafür notwendige Motorsteuerung stammt von Bosch, einen der weltweit größten Automobilzulieferer. Die Software reguliert je nach Fahrverhalten und Fahrsituation das Zusammenspiel von Leistung, Verbrauch und Abgasreinigung. Den Ingenieuren von Bosch sind die umfangreichen Möglichkeiten der Motorsteuerung bekannt. Darum warnen sie VW schriftlich, dass der Einbau und die Nutzung dieser Software zur Erkennung von Testzyklen illegal seien. Diesen Ratschlag befolgen die Wolfsburger Entwickler nicht.

2007 wird Martin Winterkorn neuer Vorstandsvorsitzender des Konzerns und seine Ingenieure versichern ihm, dass der amerikanische Markt erobert werden kann und die US-Abgaswerte unter Kontrolle sind. Offiziell hieß es damals, dass man dies durch eine einfache Reinigungstechnik erreiche (vgl. Mascolo/Ott 2016). Im gleichen Jahr beschließt die Europäische Union die Verordnung zu den Abgasstufen Euro 5 und 6. Dieselfahrzeuge sollen sauberer werden und in „allen Betriebszuständen" die Grenzwerte einhalten. Zur Eröffnung der Internationalen Automobilausstellung (IAA) enthüllt die Deutsche Umwelthilfe (DUH) erstmals, dass die Abgaswerte und der Spritverbrauch der Hersteller nicht mit den realen Werten übereinstimmen. Des Weiteren zeigte die DUH auf, wie die Autoproduzenten, den Verbraucher mit Hilfe von Abschalteinrichtungen und der Erkennung von Prüfzyklen, täuschen (vgl. Deutsche Umwelthilfe 2015). Ende 2007 übernimmt Stefan Jacoby die Führung des US- Geschäfts. Das Ziel ist es, wieder schwarze Zahlen zu schreiben. Dieser Schritt ist mehr als notwendig, denn seit 2001 generiert man jedes Jahr dreistellige Millionenverluste (vgl. Bay u.a. 2017, S. 16).

Anfang 2008 startet Volkswagen seine Werbekampagne „Clean Diesel" in den USA. Auf der Detroiter Motorshow geben sich die Wolfsburger zuversichtlich und rechnen damit, den Marktanteil an Dieselfahrzeugen bis 2015 von 3 auf 15 Prozent anheben zu können. Im August kündigt die US-Tochter des Wolfsburger Konzerns den Start vom VW Jetta 2.0 TDI mit dem Motor EA 189 an. Im selben Jahr erhält Volkswagen einen Umwelttitel für das genannte Modell als umweltfreundlichstes Auto des Jahres. Zu diesem Zeitpunkt ist VW der einzige Autohersteller, der einen Diesel in allen US-Bundesstaaten anbietet (vgl. WirtschaftsWoche März 2016). Bis 2015 werden insgesamt elf Millionen Autos des Volkswagen Konzerns, darunter die Marken VW, Audi, Skoda und Seat mit diesem Motor EA 189 ausgestattet.

Im Herbst 2011 hätte die Manipulation bereits auffliegen können. Jakob Neußer, der kurz zuvor zum Chef der Motorenentwicklung ernannt wurde, soll durch den Leiter der Antriebstechnik in den Betrug eingeweiht worden sein. Da es keinen schriftlichen Nachweis gibt, kann Neußer bis heute nichts vorgeworfen werden. Statt die Manipulation zu stoppen, zieht es VW vor, die Software systematisch zu verbessern. Bis dato starteten die Fahrzeuge im sauberen Testmodus und erst nach einer bestimmten Strecke wurde in den Schmutzmodus umgeschaltet. Das hat zur Folge, dass die Stickoxide am Anfang zum großen Teil durch den Partikelfilter aufgefangen werden und dieser schneller verstopft. Nach der „Optimierung" startet das Auto künftig direkt im Schmutzmodus. Zudem wurde eine Lenkwinkeler-kennung eingebaut. Diese erkennt, wann das Auto auf dem Prüfstand und wann auf der Straße fährt. Nachdem die überarbeitete Betrugssoftware durch den kon-zerninternen Arbeitskreis für Produktsicherheit abgesegnet wurde, geht diese ab dem Modelljahr 2014 in Serie. Bernd Gottweis, damaliger Leiter des Arbeitskrei-ses, bestreitet weiterhin, dass er von der Software wusste (vgl. Mascolo/Ott 2017).

2011 erfuhr darüber hinaus der wissenschaftliche Dienst der EU Kommission, dass keines der getesteten Dieselfahrzeuge die Grenzwerte unter realen Bedin-gungen einhält (vgl. Spiegel Januar 2016).

Eine bedeutende Wende nimmt der Abgasskandal 2013. Die amerikanische Um-weltbehörde California Air Resources Board (CARB) gibt eine Studie zur Über-prüfung von Abgasemissionen von Dieselfahrzeugen in Auftrag. Ein erster Test der Modelle Jetta und Passat zeigt, dass der Ausstoß im Normalbetrieb bis zu 35-mal höher ist als im Labor (vgl. WirtschaftsWoche März 2016). Die International Council on Clean Transportation (ICCT), eine Non-Profit-Organisation, welche die US-Umweltbehörden mit wissenschaftlichen Analysen versorgt, hat diese Tests durchgeführt. Peter Mock, der europäische Geschäftsführer der ICCT, war überrascht von den Ergebnissen. Er wollte eigentlich zeigen, dass deutsche Autos in den USA sauberer sind, weil es strengere Vorschriften gibt als in Europa (vgl. Sorge 2015). Im Mai 2014 leitet die Organisation ihre Resultate an die EPA und deren Partnerbehörde CARB weiter. Mit diesen Erkenntnissen konfrontieren die amerikanischen Umweltbehörden Volkswagen und bitten um Stellungnahme (vgl. Decker 2015). Daraufhin schickt APS-Chef Gottweis eine E-Mail an Winterkorn in der er schreibt, VW könne die hohen Abgaswerte nicht erklären und die US-Behörden könnten nach einem „Defeat Device", einer Abschalteinrichtung, su-chen. Nach Ermittlungsangaben soll der damalige Konzernchef die Notiz gelesen haben. Auf Nachfrage sei ihn versichert worden, dass das Problem lösbar ist (vgl. Mascolo/Ott 2017). Ende des Jahres ruft Volkswagen eine halbe Million Autos in den USA zurück, da es, so von offizieller Seite, technische Probleme gibt. Ein Softwareupdate soll die Unstimmigkeiten beheben.

Im April 2015 kommt es zum offenen Machtkampf zwischen Winterkorn und Aufsichtsratschef Ferdinand Piëch. In einer Krisensitzung kann sich der Vor-standsvorsitzende, dank Unterstützung der Familie Porsche und des Betriebsrats-chefs, Bernd Osterloh, gegen Piëch durchsetzen. Unklar ist, ob dieser von den Problemen um die Dieselautos wusste und deshalb Winterkorn offen angegriffen hatte (vgl. Bay u.a. 2017, S. 8). Im Mai misst die CARB erneut und stellt abermals viel zu hohe Abgaswerte fest. Daraufhin droht die amerikanische Behörde im Juli damit, dass sie 2016 keine Dieselfahrzeuge mehr zulasse, falls die entsprechenden Grenzwerte nicht eingehalten werden. Am 3. September 2015 gesteht VW die Manipulation der Emissionswerte mit Hilfe einer Software gegenüber der CARB und EPA (vgl. Breitinger 2017).

Freitag, 18. September 2015, in Frankfurt läuft gerade die IAA, eine der bedeutendsten Automobilmessen der Welt. Zeitgleich tritt die Chefin der EPA in Washington vor die Presse und teilt den Reportern mit, wie Europas größter Autohersteller die Kunden und den Staat betrogen hat. Betroffen seien rund 500.000 Dieselfahrzeuge in den USA. Zum damaligen Zeitpunkt wird mit einer Maximalstrafe von 18 Milliarden Dollar gerechnet. Volkswagen äußert sich zunächst nicht und bricht erst zwei Tage später sein Schweigen. Erstmals gibt Volkswagen öffentlich zu, bei Abgastests manipuliert zu haben. Nach der Eröffnung der Börse am 21. September verliert die Aktie mehr als 20 Prozent ihres Wertes (vgl. Bay u.a. 2017, S. 7). In den folgenden Tagen weitet sich die Krise immer weiter aus. Die Zahl der manipulierten Fahrzeuge wird auf elf Millionen weltweit beziffert. VW stellt 6,5 Milliarden Euro für hohe Kosten zurück, die auf den Konzern zukommen werden. Nicht nur finanziell, sondern auch personell kommt es im Konzern zu weitreichenden Umstrukturierungen. Martin Winterkorn tritt am 23. September 2015 von seinem Amt als Vorstandsvorsitzender zurück und der Porsche-Chef Matthias Müller wird vom Aufsichtsrat zum neuen Konzernchef bestellt. Die Braunschweiger Staatsanwaltschaft gibt bekannt, dass sie ein Verfahren gegen Winterkorn eingeleitet hat (vgl. Eckel-Dorna 2017). Nach dem Ultimatum durch das Kraftfahrt-Bundesamt (KBA), legt VW Ende September einen Aktionsplan zur Nachbesserung der Dieselmotoren vor, welche mit der Betrugssoftware ausgestattet sind. Die Liste erstreckt sich dabei von Audi bis Seat und Volkswagen. In vielen Modellen der Baujahre 2009-2014 wurde der EA 189 eingesetzt. Betroffen sind Turbo-Diesel-Maschinen mit Direkteinspritzung und 1.2, 1.6 oder 2.0 Liter Hubraum. Kunden, die ein solches Auto besitzen, werden schriftlich informiert. Zusätzlich richtet Volkswagen die Möglichkeit ein, auf der Konzern Homepage zu prüfen, ob das eigene Auto von den Manipulationen betroffen ist (vgl. Nauck 2015).

Anfang Oktober 2015 revidiert die Staatanwaltschaft Braunschweig gegenüber den Medien, dass sie ein Verfahren gegen den ehemaligen Konzern Chef Winterkorn eröffnen werde. Stattdessen werde man gegen andere VW-Verantwortliche ermitteln. Die Zulieferer des Wolfsburger Autokonzerns bekommen die Krise ebenfalls zu spüren. Drei Milliarden Euro will man einsparen. Bei Bonuszahlungen, der Modellpalette, dem Sponsoring und dem Marketing wird der Rotstift angesetzt. Das Sparprogramm soll Volkswagen auf die drohenden Straf- und Schadensersatzforderungen vorbereiten. Mittlerweile schätzen Experten den Schaden auf rund 40 Milliarden Euro. Neben dem KBA setzt auch die kalifornische Umweltbehörde CARB ein Ultimatum. Bis Ende November muss ein Plan vorgelegt werden, wann und wie die betroffenen Fahrzeuge nachgerüstet werden sollen. Anderenfalls, so die US-Behörde, drohen Stilllegung der Autos und zivilrechtliche Auseinandersetzungen mit den Kunden (vgl. Bay u.a. 2017, S. 7 f.). Michael Horn, VW-Chef in den USA, gibt in einem veröffentlichten Redemanuskript bekannt, dass er im Frühjahr 2014 über mögliche Verstöße bei den Emissionsrichtlinien unterrichtet wurde. Ihm sei damals jedoch versichert worden, dass diese Unstimmigkeiten behoben werden können (vgl. Horn 2015). Die europäischen Behörden setzen ebenfalls ihre Ermittlungen fort und untersuchen die VW-Zentrale in Wolfsburg und mehrere Privathäuser von beteiligten Angestellten (vgl. Bay u.a. 2017, S. 5).

Ende des Jahres 2015 gestehen, nach anfänglichen Beteuerungen, neben Volkswagen auch die Tochterfirmen Porsche und Audi bei den Abgaswerten manipuliert zu haben. Hier geht es um die drei Liter Motoren. Zeitgleich räumen die Wolfsburger ein, dass nicht nur bei den Stickoxiden, sondern auch bei den CO_2-Werten Unregelmäßigkeiten bestehen. Das Kraftfahrt-Bundesamt genehmigt die Umrüstungspläne von VW. So reicht bei den 1.2 und 2.0 Liter Maschinen ein Softwareupdate aus. Für die 1.6 Liter Variante muss des Weiteren ein Strömungstransformator eingesetzt werden (vgl. WirtschaftsWoche März 2016).

Das neue Jahr beginnt und prompt erhält Volkswagen die nächste Klage aus den USA. Das amerikanische Justizministerium beschuldigt den deutschen Autobauer viermal gegen den Clean-Air-Act verstoßen zu haben und fordert eine Geldstrafe in Milliardenhöhe (vgl. Breitinger 2017). Anfang 2016 beginnt der erste kleine Teilrückruf in Deutschland. In den USA hingegen lehnt die EPA den vorgelegten Umrüstplan ab. Im März legt Volkswagen eine umfassende Verteidigung vor, in der weiter daran festgehalten wird, dass dem Vorstand die Manipulationen erst im September 2015 bekannt wurden. Der damalige US-Chef Horn tritt kurze Zeit später von seinen Posten zurück. Am Landgericht Braunschweig verklagen Großinvestoren den Wolfsburger Konzern auf 3,25 Milliarden Euro Schadensersatz. Sie werfen VW vor, die Öffentlichkeit zu spät über die Manipulationen informiert zu haben (vgl. WirtschaftsWoche März 2016). Ein Untersuchungsausschuss im Bundestag soll klären, ob es zwischen dem Bundesverkehrsminister Alexander

Dobrindt und der Autoindustrie Absprachen gab. Der CSU Abgeordnete veröffentlichte, erst nach Drängen der Opposition, im April 2016 die Untersuchungsergebnisse. Aus diesen geht hervor, dass neben VW und deren Töchter auch Modellen anderer deutscher Hersteller, wie Opel und Mercedes, zu hohe Abgaswerte besitzen. Insgesamt hielten von den 53 getesteten Dieselmodellen nur 27 die gesetzlichen Rahmenbedingungen ein (vgl. Hengstenberg 2016). Nach der erfolgreichen Nachrüstung beim VW Amarok verweigert das KBA den Rückrufplan für den Passat, da nicht ausgeschlossen werden kann, dass der Spritverbrauch steigt. In den USA kann man vor Gericht eine Fristverlängerung für die technische Lösung erreichen. Nachdem klar wird, dass dort im schlimmsten Fall alle 2.0 Liter Modelle zurückgekauft werden müssen, erhöht Volkswagen seine Rückstellungen auf 16,2 Milliarden Euro. Im Juni meldet der Konzern die Freigabe von 1,1 Millionen nachgerüsteten Fahrzeugen durch das KBA. Am 20.06.2016 nimmt die Staatsanwaltschaft Braunschweig die Ermittlungen gegen Winterkorn und VW-Markenchef Diess wieder auf, da Verdacht auf Marktmanipulation bestehe (vgl. Bay u.a. 2017, S. 1). Das Bundesumweltministerium gerät derweil zunehmend unter Druck als bekannt wird, dass Mitarbeiter Hinweise zur Abgasmanipulation verschwinden ließen (vgl. Breitinger 2017). US-Richter Charles Breyer gibt im Oktober 2016 bekannt, dass der Vergleich von 16,5 Milliarden Dollar in den USA seine endgültige Zustimmung erhalten hat. Der Großteil des Geldes geht als Schadensersatzzahlung an die amerikanischen Käufer. Weiterhin werden US-Autohändler entschädigt und diverse Umweltprojekte finanziell unterstützt. In Deutschland ermittelt die Staatsanwaltschaft nun auch gegen Aufsichtsratschef Dieter Pötsch, dem wie Winterkorn Marktmanipulation vorgeworfen wird (vgl. Spiegel 2017). Im November einigen sich Betriebsrat und Vorstand darauf, dass im Zuge der neuen Strategie 23.000 Stellen bis 2025 abgebaut werden sollen. Während in Deutschland die Kunden vergeblich auf Entschädigung hoffen, wird kurz vor Weihnachten in Kanada dem Vergleich von 1,6 Milliarden Dollar zugestimmt (vgl. Breitinger 2017).

Neues Jahr und neue Milliardenzahlung. Dieses Mal gehen 4,3 Milliarden Dollar an das US-Justizministerium. Zusätzlich gibt VW ein Schuldgeständnis ab und liefert die Namen von sechs beteiligten Managern, welche in den USA angeklagt werden. Wenig später einigt man sich auf 1,2 Milliarden Dollar Schadensersatz für die 3.0 Liter Motoren von Audi (vgl. Eckel-Dorna 2017). Im Februar 2017 gibt Bundesverkehrsminister Dobrindt bekannt, dass bis auf wenige tausend Fahrzeuge alle der 2,4 Millionen VW-Autos umgerüstet seien und die Freigabe durch das KBA erhalten haben (vgl. BMVI 2017). Die Ermittlungen, sowohl der deutschen Behörden, wie der von Volkswagen beauftragten Kanzlei Jones Day, waren bei Beendigung der Arbeit noch nicht abgeschlossen.

3.3 Gewährleistungsansprüche deutscher Autokäufer

Von Oktober 2016 bis Januar 2017 fliesen Schadensersatzzahlungen in Höhe von 22 Milliarden Dollar in die USA und 1,6 Milliarden Dollar nach Kanada. Im Folgenden soll aufgezeigt werden, welche Ansprüche deutsche Autokäufer hinsichtlich des Dieselskandals geltend machen können. Hierfür werden die Anspruchsgrundlagen gemäß BGB geprüft und einige aktuelle Gerichtsentscheidungen zur Beurteilung herangezogen.

3.3.1 Sachmängel und deren Verjährung

Um Gewährleistungsansprüche geltend machen zu können, muss ein entsprechendes Schuldverhältnis vorliegen. Zwischen Autokäufer, welcher Verbraucher ist (vgl. § 13 BGB) und Verkäufer, der als Unternehmer handelt (vgl. § 14 BGB), ist ein Kaufvertrag zustande gekommen. Es finden zusätzlich zu den gesetzlichen Grundlagen aus § 433 ff. BGB die Regelungen für den Verbrauchsgüterkauf Anwendung (vgl. § 474 f. BGB). Der Verkäufer verpflichtet sich gegenüber dem Käufer, das Auto frei von Sachmängeln zu übergeben (vgl. § 433 Abs. 1 Satz 2 BGB). Eine illegale Abschalteinrichtung, mit welcher unzulässiger Weise bessere Emissionswerte vorgetäuscht werden, stellt völlig unstrittig einen Sachmangel gemäß § 434 Abs. 1 Satz 2 Nr. 2 BGB dar (vgl. LG Münster u.a., Urteil vom 14.03.2016). Demnach sind die 2,4 Millionen Dieselfahrzeuge der VW-Gruppe mit dem Motor EA 189 mangelhaft. Die Autos weisen keine Beschaffenheit auf, welche bei Sachen gleicher Art üblich ist und die der Durchschnittskäufer nach der Art der Sache erwarten darf (vgl. Reinking/Eggert 2017, S. 97, Rn. 435). Der Nachweis, dass der Mangel bereits bei der Übergabe vorlag, ist unnötig, da Volkswagen bereits öffentlich die Manipulation zugegeben hat. Um sich auf die öffentlichen Äußerungen (vgl. § 434 Abs. 1 Satz 3 BGB) bezüglich der NOx und CO_2-Werte zu berufen, ist es notwendig, dass im Kaufvertrag explizit mit „Euro 5-konform" geworben wird. Mündliche Angaben und Zusagen des Händlers sind irrelevant, da man nicht davon ausgehen kann, dass diese Gegenstand einer Beschaffenheitsvereinbarung zwischen den Parteien geworden ist (vgl. Reinking/Eggert 2017, S. 166, Rn. 627e).

Damit deutsche Autokäufer ihre Gewährleistungsansprüche geltend machen können, müssen sie die Verjährungspflichten berücksichtigen. Grundsätzlich verjähren Sachmängelansprüche bei Neuwagen nach zwei Jahren. Die Frist beginnt dabei ab dem Tag der Übergabe zu laufen (vgl. § 438 Abs. 1 Nr. 3 BGB). Beim Abgasskandal muss zwischen dem Kauf vom Hersteller beziehungsweise Vertragshändler und vom freien Händler unterschieden werden. So hat Volkswagen erklärt, dass der Konzern und die angeschlossenen Händler bis zum 31.12.2017 auf die Einrede der Verjährung verzichten werden. Dies bedeutet, dass Autokäufer, welche ein manipuliertes Fahrzeug 2009 erworben haben, gleichermaßen ihre Gewährleistungsansprüche gegenüber dem Wolfsburger Fahrzeughersteller geltend machen können. Anders verhält es sich, falls das Auto bei einem freien Händler gekauft wurde. Dieser wird nicht automatisch von dem Verzicht der Einrede auf Verjährung erfasst. Hier empfiehlt die Verbraucherzentrale einen Musterbrief an den Verkäufer zu schreiben. In diesem wird darum gebeten, dass bis zum Ablauf des zweiten Monats nach Abschluss der Rückrufaktion auf die Einrede der Verjährung verzichtet wird. Weiterhin sollte der Verbraucher sich bestätigen lassen, dass der betreffende Händler sich die Nachrüstarbeiten durch VW zurechnen lässt. Nur so können Gewährleistungsansprüche gewahrt werden, da der vorhergehende technische Stand nach der Umrüstung nur schwer nachgewiesen werden kann (vgl. Verbraucherzentrale 2016). Sollten diese Ansprüche bereits verjährt sein und das Auto wurde nicht direkt bei VW gekauft, dann bleibt dem Käufer unter Umständen nur der Anspruch auf Schadensersatz gegenüber dem Hersteller (vgl. ADAC 2015). Stellt sich heraus, dass der Vorstand bereits 2014 Kenntnis von der Manipulation hatte, könnte man dem Konzern Arglist vorwerfen. Daraus folgt, dass die Gewährleistungsansprüche frühestens zum 31.12.2018 verjähren (vgl. § 438 Abs. 3 Satz 1 BGB).

3.3.2 Nacherfüllung und Rücktritt

Dem betroffenen Autokäufer steht die Nacherfüllung als primärer Rechtsbehelf zu (vgl. §§ 437 Nr. 1, 439 BGB). Grundsätzlich hat der Kunde ein Wahlrecht, durch welches er die Beseitigung des Mangels oder die Lieferung einer mangelfreien Sache verlangen kann. Hierfür muss er dem Verkäufer eine angemessene Frist einräumen (vgl. §§ 437 Nr. 3, 323 Abs. 1 BGB). Der Verkäufer darf die gewählte Art der Nacherfüllung ablehnen, wenn diese nur mit unverhältnismäßigen Kosten möglich wäre (vgl. § 439 Abs. 3 BGB). Im VW-Abgasskandal liegen zurzeit unterschiedliche Gerichtsentscheidungen vor.

So wies das Landgericht Münster die Klage einer Käuferin ab, welche die Neulieferung ihres Fahrzeuges verlangte. Begründet wurde die Entscheidung damit, dass die Nachbesserung im Form des Softwareupdates einen Aufwand von unter 100 € verursachen würde. Eine Neulieferung wäre hingegen mit unverhältnismäßigen Kosten für den Verkäufer verbunden. Außerdem beurteilte das Gericht die gesetzte Frist als unangemessen (vgl. § 323 Abs. 1 BGB). Die Klägerin räumte dem betroffenen Händler zwei Wochen zur Nachbesserung ein. Da dieser jedoch keinen Einfluss auf den Rückrufplan von VW und der anschließenden Genehmigung der Software durch das KBA hat, ist diese Frist nicht ausreichend. In Anbetracht der besonderen Umstände müsste sich die Käuferin bis Ende 2016, dem geplanten Abschluss des Rückrufs, gedulden. Die Klägerin kann sich nach Auffassung des Gerichts nicht darauf berufen, dass die Fristsetzung entbehrlich wäre, da die Nachbesserung nach ihrer Auffassung verbleibende Mängel mit sich bringt (vgl. §§ 326 Abs. 5, § 275 Abs. 1 BGB). Hierfür fehle ein substantiierter Vortrag der Käuferin (vgl. LG Münster, Urteil vom 04.10.2016).

Ein ähnlicher Fall wurde Anfang des Jahres 2017 vor dem Landgericht Bückeburg zugunsten des Klägers entschieden. Der Kunde klagte, dass er sein Dieselfahrzeug, welches wie im vorherigen Beispiel mit dem 1.6 Liter Motor ausgestattet war, ohne Setzung einer Frist zurückgeben will. Er gab gegenüber dem Verkäufer, in einem Schreiben vom 16.02.2016, den Rücktritt bekannt. Der VW Vertragshändler lehnte diesen am 22.02.2016, mit dem Verweis auf die laufende Rückrufaktion, ab. Die geplante Umrüstung des entsprechenden Fahrzeugtyps wurde für die 47. Kalenderwoche 2016 anvisiert. Dabei handelt es sich jedoch nicht um einen fixen Termin. Anschließende Feinanpassungen der Software sind möglich, bevor die Freigabe durch das KBA erfolgt. Laut Gericht war die Nacherfüllung in Anbetracht der langen und ungewissen Wartezeit für den Käufer unzumutbar und folglich die Setzung einer Frist entbehrlich (vgl. § 323 BGB). Zudem hat der Kläger, nach Auffassung der Richter, plausibel und substantiiert mögliche Zielkonflikte zwischen niedrigen Stickoxidwerten und anderen Fahrzeugparametern vorgetragen. So ist die Befürchtung begründet, dass nach dem Softwareupdate Folgeschäden im Sinne einer negativen Veränderung der Abgaswerte, des Kraftstoffverbrauchs, der Motorleistung, der Haltbarkeit des Motors und des Dieselpartikelfilters auftreten können. Weiterhin verwies der Autokäufer darauf, dass bereits jetzt auf dem Gebrauchtwagenmarkt ein Preisverfall für die vom Abgasskandal betroffenen Fahrzeuge zu erkennen ist. Das Risiko eines bestehenden merkantilen Minderwertes bleibe demzufolge selbst bei erfolgreicher Nachbesserung (vgl. LG Dortmund, Urteil vom 29.09.2016). Man stimmte der Ansicht des Klägers zu, dass

Volkswagen Unsicherheit bei der Mangelbeseitigung ausstrahle. So enthielt der Brief, den der Käufer am 22.02.2016 von seinem Vertragshändler erhielt, die Formulierung: „Es ist unser Ziel, dass die Maßnahmen keinen nachhaltigen Einfluss auf den Verbrauch und die Fahrleistung haben werden." Der Verdacht auf einen Folgemangel ist somit berechtigt, da weder Gutachten noch Garantien für die Umrüstung übernommen werden. Grundsätzlich wird ein Mangel als unerheblich angesehen, wenn dieser einen Mangelbeseitigungsaufwand von fünf Prozent des Kaufpreises nicht überschreitet (vgl. BGH, Urteil vom 28.05.2014). In diesem Fall, so das LG Bückeburg, müsse zu dem starren Grenzwert zwingend die gegenseitige Interessenabwägung hinzugezogen werden. Diese ergab, dass die Interessen des Klägers deutlich überwiegen und somit eine unerhebliche Pflichtverletzung nicht angenommen werden kann. Die über einjährige Entwicklung einer Problemlösung und die anschließende Genehmigung durch eine Behörde deute auf die Erheblichkeit des Mangels hin. Der Klage wird stattgegeben und der Käufer kann vom Kaufvertrag zurücktreten. Der Verkäufer wird verurteilt, den Kaufpreis nebst Zinsen abzüglich einer Nutzungsentschädigung, zu zahlen (vgl. LG Bückeburg, Urteil vom 11.01.2017).

Die zwei dargestellten Urteile weisen einen signifikanten Unterschied auf. Der Kläger im letztgenannten Beispiel hatte Beweise aufgezeigt, welche belegen, dass es durch die Beseitigung des Mangels zu möglichen Folgeschäden kommen könnte. Diese sogenannte „Verschlimmbesserung" belegt er unter anderem mit der Dissertation des Dipl. Ing. Sebastian Paul Wenzel, welche sich mit den Ruß- und NOx- Emissionen beschäftigt. In dieser Doktorarbeit wird bewiesen, dass die gesetzlichen Grenzwerte im normalen Fahrbetrieb nicht durch ein einfaches Softwareupdate eingehalten werden können. Zudem zeigt er in seinen Ausführungen, die mögliche negative Beeinflussung anderer Fahrzeugfaktoren. Mit der Meinung, die der Motorenentwicklungsingenieur aus den Ergebnissen seiner Dissertation ableitet, steht er nicht alleine da. Einige Kunden, deren Autos die neue Software haben, beklagen sich bereits. So summieren sich die Beschwerden bezüglich eines höheren Spritverbrauchs, Verlust der Motorleistung und stärkerer Geräuschentwicklung im Motorraum (vgl. Reimann 2016). Ein häufig auftretendes Problem zeigt sich beim Abgasrückführungsventil (AGR-Ventil). Nach dem Update werden mehr abgekühlte Abgase in den Motorraum zurückgeführt. Dort muss das neue Gemisch verbrannt werden und dazu bedarf es eines höheren Spritverbrauchs. Die Stickstoffoxidwerte sinken, da das Gemisch kühler verbrannt wird, gleichzeitig steigt der Rußanstieg enorm an und letztendlich verstopft das AGR-

Ventil. Um diesen Fehler zu beheben, hat VW über 1000 verschiedene Adaptierungen für die Motorsteuerung entwickelt. Diese scheinen jedoch nicht bei allen Fahrzeugtypen einwandfrei zu funktionieren. Kommt es zum Defekt des AGR-Ventils erfolgt der Austausch auf Kulanz. In den bis Februar 2017 bekannt gewordenen Fällen hat Volkswagen die Kosten, welche zwischen 1.100 € und 1.500 € liegen, übernommen. Laut VW handelt es sich um Einzelfälle (vgl. Viehmann 2017).

3.3.3 Schadensersatz

Bei dem oben genannten Beispiel konnte der Käufer seine Gewährleistungsansprüche geltend machen, da diese noch nicht verjährt waren. Den Skandalmotor EA 189 findet man allerdings in den Baureihen ab dem Jahr 2009 und somit ist bei vielen Autofahrern bereits die Verjährung eingetreten. In so einem Fall besteht die Möglichkeit, Schadensersatz geltend zu machen. Dieses Recht kann der Kunde grundsätzlich gegenüber dem Händler, wie auch dem Hersteller einklagen. Die Klagen auf Schadensersatz gegenüber Händlern gelten im Rahmen des VW Skandals bis zum jetzigen Zeitpunkt als aussichtslos. Das Tatbestandsmerkmal des Vertretenmüssens wird laut herrschender Meinung der Gerichte nicht erfüllt (vgl. §§ 823 Abs. 1, 280 Abs. 1 Satz 2, 276 Abs. 1 BGB). So entschied unter anderem das Landgericht Braunschweig, dass es dem betroffenen Händler nicht möglich war, die Motormanipulation zu erkennen und er diese damit nicht zu vertreten hat (vgl. LG Braunschweig, Urteil vom 29.12.2016). Gegen den VW-Konzern liegen schon einige Schadensersatzklagen bei den Landgerichten vor. Im Folgenden sollen stellvertretend zwei Urteile genauer betrachtet werden.

Abgewiesen wurde die Klage einer Autokäuferin, welche der VW-AG nach § 826 BGB sittenwidriges Verhalten vorwarf, da die unzulässige Abschalteinrichtung gegen die EU-Verordnung 715/2007 verstößt. Sie unterstellte dem Wolfsburger Konzern, dass das Gewinnbestreben des Autobauers über den Schutz der Gesundheit gestellt wurde. Die Richter sahen das anders. Sie stimmten einerseits der Klägerin zu, dass es bei der unerlaubten Abschalteinrichtung höchstwahrscheinlich primär um Kostenersparnis gegangen sei. Diese stelle allerdings in einem marktwirtschaftlichen System kein zu beanstandendes Verhalten dar. Die eingesetzte Software ist nach Auffassung des Gerichtes ein Verstoß gegen die EU Verordnung, allerdings sei diese kein Ausdruck sittlicher Gesinnung, sondern enthalte Regelungen zum Schutz der Umwelt. Des Weiteren würde man die vertragliche Risikozuweisung unterlaufen, sofern man Volkswagen in die Direkthaftung nimmt, ohne dass hierfür ein sachlicher Grund ersichtlich ist. Abschließend bezweifelten die Richter, dass der Klägerin relevanter Schaden entstanden sei. So kann diese, nach wie vor, das Auto mit fortbestehender Typgenehmigung, Betriebserlaubnis und Schadstoffklasseneinstufung ohne Einschränkungen im Straßenverkehr nutzen (vgl. LG Ellwangen, Urteil vom 10.06.2016).

Im Januar 2017 kommt es erstmalig zu einem Urteil, bei welchem VW direkt zu Schadensersatz verurteilt wird. So stellte das Landgericht Hildesheim fest, dass die Lieferung eines Skandal-Autos eine vorsätzliche sittenwidrige Schädigung (vgl. § 826 BGB) und ein Betrug des Autokäufers darstellt. Die Täuschung, so die Richter, diene allein dem Zweck der Kostensenkung und möglicherweise der Umgehung technischer Probleme. Diese hätten, durch eine rechtlich und technisch einwandfreie, wenngleich teurere Lösung, vermieden werden können. Das Gericht machte deutlich, dass es sich hierbei um kein Kavaliersdelikt handele. Vielmehr liege eine Verbrauchertäuschung vor, welche gleichzusetzen ist mit Skandalen aus der Vergangenheit, wie die Beimischung von Glykol im Wein oder Pferdefleisch in der Lasagne. Das Landgericht ist der Ansicht, dass sich VW nicht damit verteidigen könne, dass noch unklar sei, ob Vorstandsmitglieder von der Motormanipulation Kenntnis hatten. Entscheidungen dieser enormen wirtschaftlichen Tragweite werden nicht „von einem am unteren Ende der Betriebshierarchie angesiedelten Entwickler in eigener Verantwortung getroffen". Angesichts der Zeit, welche seit dem Bekanntwerden verstrichen ist, geht man davon aus, dass der Konzern nicht alles unternommen habe, um die Vorwürfe zu klären. Ferner stellten die Richter fest, dass es auf Grund von vermehrter Rückführung von Abgasen zu erhöhtem Wartungsaufwand oder vorzeitigen Motorschäden kommen kann, weshalb der Kunde die Nachrüstung keinesfalls akzeptieren muss. Das Landgericht Hildesheim verurteilt den deutschen Autohersteller zur Erstattung des Kaufpreises abzüglich der Nutzungsentschädigung (vgl. LG Hildesheim, Urteil vom 17.01.2017).

In den Anwaltskanzleien wird das Urteil als weiterer Meilenstein gefeiert, da bis zur Entscheidung in Hildesheim, die Klagen gegen VW aus unterschiedlichen Gründen abgewiesen wurden. Unterdessen rollt eine neue Klagewelle auf die Wolfsburger Autobauer zu. So hat unter anderem der Rechtsdienstleister myRight, der bereits mehr als 20.000 deutsche Autobesitzer vertritt, einige Musterklagen gegen Volkswagen und dessen Tochter Audi eingereicht. Sollten diese Erfolg haben, könnten neue Milliardenzahlungen auf den Wolfsburger Konzern zukommen (vgl. Jung 2017).

4 Zusammenfassung und Ausblick

Da der Kaufvertrag das am häufigsten vorkommende Rechtsgeschäft ist, besitzt er entsprechend umfangreiche Regelungen. Obwohl der Gesetzgeber versucht mit dem BGB und dem HGB rechtliche Klarheit zu schaffen, ergeben sich hin und wieder Fälle, die nicht ausdrücklich im Gesetzestext geregelt sind. So kann es vorkommen, dass der objektiv selbe Sachverhalt von mehreren Gerichten unterschiedlich ausgelegt wird. Einer dieser Sonderfälle wurde im Zusammenhang mit der Arbeit rechtlich aufgegriffen und analysiert.

Es wurde damit begonnen, den Abgasskandal des Volkswagenkonzerns vor den Gerichten aufzuarbeiten. Eine eindeutige Rechtsprechung lag bei Fertigstellung der Arbeit noch nicht vor. Die Tendenz lässt sich jedoch ablesen. Einigkeit herrscht dahingehend, dass es sich bei der Manipulationssoftware um einen Sachmangel handelt. Der getäuschte Autokäufer bekommt zunehmend Urteile in die Hände, mit denen seine Chancen auf einen Rücktritt vom Vertrag erheblich steigen. Ein entscheidendes Hindernis stellt immer noch die Frage nach der Unerheblichkeit dar. Bei deren Bestimmung verfahren einige Gerichte bisweilen sehr schematisch und übernehmen die bisherige BGH Regelung zur Geringfügigkeit. Hier lässt sich anzweifeln, ob eine Falschlackierung mit den Dimensionen einer Abgasmanipulation von mehreren Millionen Fahrzeugen gleichzusetzen ist. Positiv zu beurteilen ist, dass in aktuellen Entscheidungen zunehmend eine umfassende Interessenabwägung stattfindet. In dieser wird dargelegt, dass der Aufwand zur Beseitigung des Mangels, die 100 € für das Aufspielen der neuen Motorsteuerung, nicht allein maßgeblich ist. So kann nach Auffassung aktueller Gerichtsentscheidungen davon ausgegangen werden, dass die Softwareentwicklung, die über ein Jahr technische Vorbereitung beansprucht hat und außerdem vom KBA genehmigt werden muss, einen erheblichen Mangel darstellt. Hohe Erfolgschancen auf einen Rücktritt hat vor allem derjenige, welcher Nachbesserungsfristen von mehr als sechs Wochen gesetzt hat und Korrespondenz mit dem Hersteller beziehungsweise Händler vorweisen kann, die keine verbindlichen Zusagen enthalten oder nicht vertrauenswürdig erscheinen. Entscheidend ist ferner, das Vorbringen von Beweisen, wie die angesprochene Doktorarbeit oder unabhängige Tests des ADAC, die mögliche Mangelfolgeschäden aufzeigen. Teilweise sehen die Richter in dem Aufspielen der Software eine objektive Unmöglichkeit, da der Mangel zwar beseitigt werden kann, dies aber nur unter dem Zurückbleiben einer technischen und merkantilen Wertminderung möglich ist. Bis zur Beendigung der Arbeit gab es erst eine Schadensersatzklage gegen VW. Diese wurden zu Gunsten des Autokäufers entschieden und könnte wegweisend sein für zukünftige Urteile.

Es ist zu bemerken, dass die ungleiche Behandlung deutscher und amerikanischer Kunden, entgegen der Argumentation aus Wolfsburg, nicht nachvollziehbar ist. Die Schadensersatzzahlungen in den USA wurden letztendlich nur aufgrund des öffentlichen Drucks der Behörden möglich. Der deutschen Regierung hingegen, scheint mehr Interesse am Schutz der Automobilindustrie zu liegen, als den eigenen Bürgern zu ihrem Recht zu verhelfen. Angesichts der drohenden Verjährungsfristen, sollten Kunden unbedingt aktiv werden. Selbst wenn keine Rechtsschutzversicherung vorliegt, bieten diverse Rechtsportale die Möglichkeit an, seine Gewährleistungsrechte, beziehungsweise den Anspruch auf Schadensersatz geltend zu machen. Das nicht kalkulierbare Prozessrisiko entfällt dabei, da nur im Erfolgsfall eine Provision fällig wird.

Neben den Gewährleistungs- und Schadensersatzansprüchen der Autokäufer ist VW noch mit einem weiteren großen Verfahren beschäftigt. So klagen derzeit mehrere tausend Aktionäre ihren Schaden ein, welcher Ihnen durch die verspätete Veröffentlichung der Abgasmanipulation entstanden ist. Das Gesamtvolumen beläuft sich auf 8,8 Milliarden Euro. Die Fondsgesellschaft Deka Investment GmbH wurde vom OLG Braunschweig im März 2017 als Musterkläger bestimmt (vgl. Handelsblatt online, 08.03.2017).

Der Abgasskandal wird die Gerichte und den VW-Konzern zweifelslos noch einige Zeit beschäftigen. Ein Urteil vor einem Oberlandesgericht wäre ein ermutigendes Signal für unsichere Kunden. Doch so weit ließ man es bisher nicht kommen. Zuvor einigte man sich lieber mit einem stillen Vergleich. Die Taktik des Wolfsburger Konzerns, obergerichtliche Entscheidungen zu vermeiden, scheint noch zu funktionieren. Wenn Kunden allerdings Berufung gegen erstinstanzliche Entscheidungen einlegen und Recht bekommen, dürfte es nur noch eine Frage der Zeit sein, bis der Bundesgerichtshof bezüglich der manipulierten Emissionswerte Position bezieht. Sollte dieser eine Entscheidung zu Lasten von Volkswagen fällen, könnte es auf Grund der finanziellen Belastungen selbst für solch einen finanzstarken Konzern existenzbedrohend werden (vgl. Poschardt 2016).

5 Literaturverzeichnis

ADAC, Manipulationsvorwürfe zu Dieselfahrzeugen der VW-Gruppe, Mitteilung der juristischen Zentrale vom 12.10.2015, online im Internet: https://www.adac.de/.../2015-57-VW-Diesel-Manipulationsvorwurf%20_246877.pdf, 27.03.2017

Alpmann, J. A., BGB AT1, 18. Auflage, Verlag Alpmann und Schmidt Juristische Lehrgänge Verlagsgesellschaft mbH & Co. KG, Münster 2015

Bay, L. u.a. , Blog zur Abgasaffäre von VW, Handelsblatt online, online im Internet: http://www.handelsblatt.com/my/unternehmen/industrie/blog-zur-abgasaffaere-von-vw-prolog/12400160-17.html, 21.03.2017

Berwanger, J., Springer Gabler Verlag (Hrsg.), Gabler Wirtschaftslexikon, Stichwort: Aliud-Lieferung, online im Internet: http://wirtschaftslexikon.gabler.de/Definition/aliud-lieferung.html, 10.03.2017

BMVI, Dobrindt: Mehr als 500.000 Dieselfahrzeuge werden umweltfreundlich umgerüstet, Pressemitteilung vom 15.02.2017, online im Internet, https://www.bmvi.de/SharedDocs/DE/Pressemitteilungen/2017/021-dobrindt-freiwilliger-rueckruf-serviceaktion.html, 27.03.2017

Breitinger, M., Der Abgasskandal, Zeit online vom 17.03.2017, online im Internet: http://www.zeit.de/wirtschaft/diesel-skandal-volkswagen-abgase, 22.03.2017

Brox, H./ Walker, W. D., Besonderes Schuldrecht, 36. Auflage, Verlag C.H. Beck, München 2012

Decker, H., So kam der Abgasskandal ans Licht, F.A.Z. vom 23.09.2015, online im Internet: http://www.faz.net/aktuell/wirtschaft/vw-abgasskandal/so-kam-der-vw-abgasskandal-ans-licht-13818832.html, 22.03.2017

Deutsche Umwelthilfe, Deutsche Umwelthilfe legt Chronologie des Kniefalls der Bundesregierung vor den Autokonzernen offen, Pressemitteilung vom 29.09.2015, online im Internet: http://www.duh.de/pressemitteilung/?&no_cache=1&tx_news_pi1[news]=3032&tx_news_pi1[controller]=News&tx_news_pi1[action]=detail, 22.03.2017

Eckel-Dorna, W., Dirty Diesel – die Chronik der Ereignisse, Manager Magazin vom 15.03.2017, online im Internet: http://www.manager-magazin.de/fotostrecke/volkswagen-die-chronik-des-abgasskandals-fotostrecke-131601-11.html, 21.03.2017

Emmerich, V., BGB- Schuldrecht Besonderer Teil, 13. Auflage, C. F. Müller Verlag, Heidelberg 2012

Erman,W./ Grunewald, B., Handkommentar zum BGB, 13. Auflage, Verlag Dr. Otto Schmidt, Köln 2011

Hengstenberg, M., Aufklärung im VW-Skandal: Die dunkle Seite der Macht, Spiegel online vom 21.03.2016, online im Internet: http://www.spiegel.de/auto/aktuell/volkswagen-sperrt-sich-gegen-akteneinsicht-beim-dieselgate-a-1083492.html, 23.03.2017

Horn, M., Testimony of Michael Horn, President and CEO of Volkswagen Group of America, Inc. before the House Committee on Energy and Commerce/ Subcommittee on Oversight and Investigation, online im Internet: https://democrats-energycommerce.house.gov/sites/democrats.energycommerce.house.gov/files/Testimony-Horn-OI-VW-Cheating-Allegations-2015-10-8.pdf, 23.03.2017

Jung, M., Neue Klage in Abgasaffäre, F.A.Z. online vom 03.01.2017, online im Internet: http://www.faz.net/aktuell/wirtschaft/vw-abgasskandal/volkswagen-neue-klage-in-abgasaffaere-14602985.html, 31.03.2017

Looschelders, D., Schuldrecht Besonderer Teil, 7. Auflage, Vahlen Verlag, München 2012

Mascolo, G./ Ott, K., Die Geschichte des VW-Betrugs, Süddeutsche Zeitung vom 25.04.2016, online im Internet: http://www.sueddeutsche.de/wirtschaft/volkswagen-die-geschichte-des-vw-betrugs-1.2965786, 22.03.2017

Müssig, P., Wirtschaftsprivatrecht: Rechtliche Grundlagen wirtschaftlichen Handelns, 19. Auflage, C. F. Müller Verlag, Heidelberg 2016

Nauck, D., Habe ich ein Skandalauto, F.A.Z. online vom 05.11.2015, online im Internet: http://www.faz.net/aktuell/wirtschaft/vw-abgasskandal/betroffene-autos-im-vw-abgasskandal-13821503.html, 23.03.2017

Oetker, H./ Maultzsch, F., Vertragliche Schuldverhältnisse, 4. Auflage, Springer Verlag, Heidelberg u.a. 2013

o.V., 125 Jahre Automobil: Die legendären Tüftler und Konstrukteure, Handelsblatt online vom 28.01.2011,online im Internet: http://www.handelsblatt.com/auto/test-technik/125-jahre-automobil-die-legendaeren-tueftler-und-konstrukteure/3817928.html, 20.03.2017

o.V., Chronik eines Skandals, Spiegel online vom 19.01.2017, online im Internet: http://www.spiegel.de/auto/aktuell/vw-abgasskandal-chronik-eines-skandals-a-1122730.html, 24.03.2017

o.V., Die Chronik des Abgasskandals, WirtschaftsWoche vom 23.03.2016, online im Internet: http://www.wiwo.de/vw-abgas-skandal-die-chronik-des-abgasskandals/13360060.html, 22.03.2017

o.V., EU wusste früh von Manipulationsgefahr, Spiegel online vom 01.01.2016, online im Internet: http://www.spiegel.de/auto/aktuell/eu-wusste-frueh-von-manipulationsgefahr-bei-autoabgasen-a-1070046.html, 23.03.2017

o.V., Gericht benennt Deka zum Aktionärs-Musterkläger, Handelsblatt online vom 08.03.2017, online im Internet: http://www.handelsblatt.com/finanzen/steuern-recht/recht/vw-abgasskandal-gericht-benennt-deka-zum-aktionaers-musterklaeger/19489568.html, 14.04.2017

o.V., Umsatz der Automobilindustrie in Deutschland in den Jahren 2005 bis 2015, Statista, online im Internet: https://de.statista.com/statistik/daten/studie/160479/umfrage/umsatz-der-deutschen-automobilindustrie/, 20.03.2017

o.V., VW-Abgasskandal: Unsere Antworten auf häufige Fragen, Verbraucherzentrale vom 09.11.2016, online im Internet: https://www.verbraucherzentrale.de/vw-skandal#wasbedeutetdievomkraftfahrtbundesamtangeordneterueckrufaktionfuermich, 28.03.2017

Olfert, K., Recht und Steuern, NWB Verlag GmbH & Co. KG, Herne 2016

Pollert, A., Wirtschaft von A-Z: Grundlagenwissen für Schule und Studium, Alltag und Beruf, 6. Auflage, Dudenverlag, Berlin 2016

Poschardt, U., Entschädigungen in Europa überfordern Volkswagen, Welt online vom 03.07.2016, online im Internet: https://www.welt.de/wirtschaft/article156761953/Entschaedigungen-in-Europa-ueberfordern-Volkswagen.html, 14.04.2017

Reimann, A., VW-Kunden klagen über Probleme nach Abgasrückruf, WirtschaftsWoche vom 04.10.2016, online im Internet: http://www.wiwo.de/unternehmen/auto/volkswagen-abgasskandal-vw-kunden-klagen-ueber-probleme-nach-abgas-rueckruf/14631024.html, 28.03.2017

Reinicke, D./ Tiedkte, K., Kaufrecht, 8. Auflage, Heymanns Verlag, Köln u.a. 2009

Reinking, K./ Eggert, C., Der Autokauf, 13. Auflage, Werner Verlag, Köln 2017

Sorge, N.V., Dieser Mann hat aus Versehen VW ins Wanken gebracht, Manager Magazin vom 22.09.2015, online im Internet: http://www.manager-magazin.de/unternehmen/autoindustrie/peter-mock-vom-icct-ueber-den-vw-abgasskandal-a-1054157-2.html, 22.03.2017

Staudinger, J. v./ Beckmann, R. M., Kommentar zum Bürgerlichen Gesetzbuch mit Einführungsgesetz und Nebengesetzen, 13. Auflage, Sellier-de Gruyter Verlag, Berlin 2004

Viehmann, S., Einige Diesel-Fahrer klagen über Schäden nach Rückruf-VW zeigt sich kulant, Focus online vom 23.02.2017, online im Internet: http://www.focus.de/auto/news/abgas-skandal/rueckruf-im-abgas-skandal-einzelfaelle-oder-nicht-vw-kunden-klagen-ueber-schaeden-im-abgas-system-nach-rueckruf_id_6696107.html, 28.03.2017

Volkswagen AG, Portrait & Produktionsstandorte: Der Konzern, online im Internet: https://www.volkswagenag.com/de/group/portrait-and-production-plants.html, 22.03.2017

Winterkorn, M., Winterkorns Rücktrittserklärung im Wortlaut, Manager Magazin vom 23.09.2015, online im Internet: http://www.manager-magazin.de/unternehmen/artikel/ruecktritt-erklaerung-von-martin-winterkorn-im-wortlaut-a-1054423.html, 21.03.2017

Zanger, C., „Geleitwort", in: van Venrooy, M., Produktionsrückrufe in der deutschen Automobilindustrie – Motivations-, Kommunikations-, und Verständnisproblematik, Springer Gabler Verlag, Wiesbaden 2014